# 市区町村
# 子ども家庭相談の挑戦

子ども虐待対応と地域ネットワークの構築

川松 亮

［編著］

明石書店

# ▌はじめに

　子どもが抱える様々な問題の解決を目的として子どもと家族を支援する取り組みは、わが国においては長く児童相談所を中心として営まれてきた。しかし児童相談所の設置は都道府県内に数か所であり、地域住民に必ずしも身近な存在であるとはいいがたい相談機関である。また、児童相談所につながることで救われた子どもや家族は多かったものの、児童相談所は子どもを一時保護する権限を有することに大きな特徴があり、その点でも住民にとって気安く相談できる場所としては認識されにくい面があったと思われる。

　それでも児童相談所は、障がいのある子どもの療育や、不登校の子どもたちへの家族療法を取り入れた支援など、日本の子どもたちの健全な成長発達を保障する取り組みを長く展開してきた。しかし2000年代に入り、子ども虐待への対応が強化される中で、児童相談所の相談対応件数が急増し、対応力に比して求められる業務が上回るようになり、継続的な支援を丁寧に行うことが困難な状況が生まれてきた。

　そのため2004年の児童福祉法改正では、それ以降の日本の子ども家庭相談体制を大きく変える画期となるような変革が行われた。すなわち、市区町村が子ども家庭相談の窓口として位置づけられ、子ども虐待の通告先ともされたのである。また、要保護児童対策地域協議会が法定化されて、地域のネットワークによる子ども家庭支援が全国的に開始されることとなった。

　本書を刊行する2019年は、その児童福祉法改正から15年の節目となる年である。この15年間、市区町村が自らの地域の子どもと家族を支援するために、様々な工夫と努力のうえに、それぞれに独自の相談体制を構築してきた。しかし一方で、その体制構築に困難を抱えている市区町村も見られ、自

3

治体間での取り組みや体制に格差があることが指摘されてきた。また、要保護児童対策地域協議会はすでに99.7%の自治体において設置されているが（厚生労働省子ども家庭局家庭福祉課虐待防止対策推進室調べ、2017年4月1日現在）、その会議運営においては、会議の内容・構成機関・開催頻度などに悩みを抱えている自治体も多く存在している。市区町村における相談体制の構築はまだ道半ばということができるだろう。

　こうしたことから、市区町村が他の自治体の取り組みを参考にしながら、自らの取り組みの内容や体制について検討をすることが必要になっているといえよう。そこで、編者が所属していた子どもの虹情報研修センターでは、全国の市区町村の中から先進的あるいは特徴的な取り組みを展開していると思われる自治体を選んで直接訪問し、その工夫の経緯や成果、現状における課題などをヒアリングして、それらをまとめて報告書として公表した。そのことで、他の自治体の体制整備の参考として資することを目的として、ヒアリング調査を行ったのである。

　ヒアリング調査は、子どもの虹情報研修センターのメンバーと、外部の研究者として西南学院大学の安部計彦先生、流通科学大学の加藤曜子先生にご参加いただき、2014年から2016年まで実施したものである。訪問する自治体は共同研究者の持つ情報をもとに研究会で選定し、事前アンケートや当該自治体の関係資料提供をお願いして、事前に情報を収集したのちに共同研究者により実施した。3年間で計24自治体のヒアリングを行い、数々の優れた取り組みを知ることができた。ヒアリング報告書の原稿については、当該自治体の確認修正を求めたのちに作成した。

　その後2016年の児童福祉法改正により、市区町村の子ども家庭総合支援拠点の整備が厚生労働省により進められることとなったが、ヒアリング自治体の取り組みは子ども家庭相談体制構築のヒントとなる情報が豊富に得られ、今後の市区町村での取り組みを検討するうえでの大きな参考になるものと思われる。そこで、24自治体のうちの9自治体を選定して、書籍として再整理して発刊することとした。なお、各掲載自治体の方には、ヒアリング後の取り組みの変化や進展について原稿を依頼し、あわせて収録している。ここに、

ヒアリングをお受けいただいた市区町村のみなさまに心から感謝するとともに、本書への掲載をご承諾いただき、原稿もお寄せいただいた自治体のみなさまに合わせて深謝したい。

　本書が、これからの市区町村子ども家庭相談の進展に少しでも寄与できれば幸いである。


　　2019年8月

　　　　　　　　　　　　　　　　　共同研究者を代表して　　川松　亮

■市区町村子ども家庭相談の挑戦
■——子ども虐待対応と地域ネットワークの構築＊目次

はじめに …………………………………………………………… 川松 亮　3

## 第1部
# 市区町村子ども家庭相談体制は
# 今どうなっているか …………………………………… 川松 亮

## 第1章　市区町村子ども家庭相談はどう進展してきたか　12

1——要保護児童および要支援家庭に対する支援体制の転換　12

2——子ども家庭相談における2004年体制の始まり　16

3——「市町村児童家庭相談援助指針」に見る市区町村の役割　20

4——地域における支援ネットワークの展開　25

5——2016年児童福祉法改正への経緯と「市町村子ども家庭支援指針」　28

## 第2章　市区町村子ども家庭相談は
## 　　　　どのような課題を抱えているか　37

1——市区町村の相談体制はどうなっているか　37

2——相談対応の現状はどうなっているか　40

3——要保護児童対策地域協議会の運営はどうなっているか　44

4——子どもの虹情報研修センターによるヒアリングの問題意識　47

## 第2部
# 先進自治体の取り組み事例

掲載自治体の紹介とヒアリング実施日 ……………………………………… 50

# 1. 長野県池田町の取り組み

── 小規模自治体における充実した支援体制の構築 ……………… 川松 亮 52

1─池田町の概要 52

2─池田町の子ども家庭相談の仕組み 54

3─池田町の子ども虐待対応の状況 62

4─池田町のネットワークの仕組み 63

5─池田町の取り組みの特徴と課題 67

6─まとめ 71

◆ 現在の相談体制の状況について（池田町役場健康福祉課） 72

# 2. 大阪府熊取町の取り組み

── 福祉・保健・教育による協働体制の構築 ………………… 川﨑二三彦 73

1─熊取町の概要 73

2─熊取町の子育て施策 74

3─熊取町のネットワークの仕組み 81

4─熊取町の取り組みの課題 95

5─まとめ 96

◆ 現在の相談体制の状況について（熊取町子育て支援課） 98

# 3. 大阪府泉南市の取り組み

── 予防を重視した取り組みときめ細かい巡回相談 ………… 川﨑二三彦 100

1─泉南市の概要 100

2─泉南市の子ども家庭福祉行政 102

3─泉南市の子ども家庭相談の状況 107

4─泉南市の取り組みの課題 119

5─まとめ 121

◆ 現在の相談体制の状況について（泉南市健康福祉部保育子育て支援課） 122

## 4. 大阪市西成区の取り組み

──民間団体を中心とした濃密なネットワーク形成 ……………… 川松 亮 124

1─西成区の概要　124

2─西成区の子ども家庭相談の仕組み　126

3─西成区の子ども虐待対応の状況　129

4─西成区のネットワークの仕組み　131

5─西成区の取り組みの特徴と課題　136

6─まとめ　138

◆　現在の相談体制の状況について（西成区役所保健福祉課）　139

## 5. 千葉県八千代市の取り組み

──ランクづけによる進行管理と進行管理会議の工夫 ………… 安部 計彦 141

1─八千代市の概要　141

2─八千代市の子ども家庭相談の仕組み　142

3─八千代市の子ども虐待対応の状況　146

4─八千代市のネットワークの仕組み　150

5─八千代市の取り組みの特徴と課題　152

6─まとめ　155

◆　現在の相談体制の状況について（八千代市子ども部子ども福祉課）　156

## 6. 東京都新宿区の取り組み

──地域エリアごとに設置された相談機関による支援体制の構築 ‥ 小出太美夫 159

1─新宿区の概要　159

2─新宿区の子ども家庭相談の仕組み　160

3─新宿区の子ども家庭相談の状況　164

4─新宿区のネットワークの仕組み　166

5─新宿区の取り組みの特徴と課題　169

6─まとめ　171

◆　現在の相談体制の状況について（新宿区立子ども総合センター）　172

## 7. 愛知県豊橋市の取り組み

──若者支援を包含した地域ネットワークと児童相談所との良好な協働関係

.......................................... 川松 亮　174

1─豊橋市の概要　174

2─豊橋市の子ども家庭相談の仕組み　176

3─豊橋市の子ども虐待対応の状況　177

4─豊橋市のネットワークの仕組み　179

5─豊橋市の取り組みの特徴と課題　187

6─まとめ　189

◆　現在の相談体制の状況について（豊橋市こども若者総合相談支援センター）　190

## 8. 東京都町田市の取り組み

──市内を細分化したエリアでのネットワーク構築 ………… 川﨑二三彦　192

1─町田市の概要　192

2─町田市の子育て施策　194

3─町田市のネットワークの仕組み　204

4─町田市の取り組みの課題　211

5─まとめ　213

◆　現在の相談体制の状況について（町田市役所子ども家庭支援センター）　215

## 9. 大分県大分市の取り組み

──市域を分けたセンター設置と臨床心理士の配置 ………… 安部 計彦　217

1─大分市の概要　217

2─大分市の子ども家庭相談の仕組み　219

3─大分市の子ども虐待対応の状況　221

4─大分市のネットワークの仕組み　225

5─大分市の取り組みの特徴と課題　226

6─まとめ　228

◆　現在の相談体制の状況について（大分市中央子ども家庭支援センター）　229

第3部
# これからの市区町村子ども家庭相談のあり方を考える ················································ 川松 亮

## 第1章　進んでいる自治体の取り組みと課題
### ──子どもの虹情報研修センターヒアリング調査から　232

1─相談体制はどうなっているか　232

2─児童相談所との関係はどうなっているか　235

3─要保護児童対策地域協議会の実効的な運営をどう工夫されているか　239

4─自治体職員の積極的な姿勢　243

5─共通する課題と今後の方向性　244

6─政令市ヒアリング調査に見られた特徴　246

7─児童相談所設置市の特徴と課題　250

## 第2章　市区町村子ども家庭相談はどうあるべきか　253

1─市区町村子育て支援の基本構造　253

2─中学校区に1つのネットワークを　255

3─やってよかったと思える個別ケース検討会議を　256

4─児童相談所との協働関係を　257

5─重ね合う支援──役割分担の前に協働を　258

おわりに ···································································· 川松 亮　260

第1部

# 市区町村子ども家庭相談体制は
# 今どうなっているか

# 第1章
# 市区町村子ども家庭相談は
# どう進展してきたか

川松 亮

## 1……要保護児童および要支援家庭に対する支援体制の転換

　わが国における子ども家庭相談体制に市区町村[*1]が法的に組み入れられるのは、2004年の児童福祉法改正においてである。ここではその方向性が目指された意図を探るため、それに先立つ2003年の社会保障審議会児童部会での議論内容を確認しておきたい。

　同部会は、2003年11月に『児童虐待への対応など要保護児童および要支援家庭に対する支援のあり方に関する当面の見直しの方向性について』と題する報告書を出している。この報告書が取りまとめられた経緯については以下のような事情があった。

　すなわち、2000年に制定された児童虐待防止法には、施行後3年の見直し規定が附則として設けられていたため、それを契機として同部会に「児童虐待の防止等に関する専門委員会」が設置され検討が行われた。その結果をふまえて取りまとめられたのが、同部会の報告書である。

　当時、児童相談所における虐待対応件数が、児童虐待防止法施行前の1999年に比して、2002年にはその約2倍の2万4000件となっていたことや、

---

　*1　本書では、東京23区を基礎自治体として含めるために「市区町村」という用語を使用する。ただ、法律用語としては「市町村」が使用されるため、法律用語として記載する場合は「市町村」という用語を使用する。

困難な事例の増加という状況を受け、以降の子ども虐待*2対応のあり方を幅広く検討し提言したのが本報告書である。

　報告書の中では、「今後の要保護児童および要支援家庭に対する『都道府県・市町村の役割、児童相談所のあり方』等について」と題する節が置かれ、市町村の役割に関する基本的考え方が示された。すなわち、2003年の児童福祉法改正において市町村における子育て支援事業の実施が位置づけられたこと、および児童相談所が幅広い相談業務のすべてに対応しきれない状況にあることをまず指摘したうえで、「地域住民に対する保健及び福祉のサービスについては、身近な市町村においてできる限り提供されることが望ましい」という基本的考え方が示されたのである。

　こうした考え方の背景として、1990年の福祉8法改正に始まり、1994年の地域保健法制定、2000年の社会福祉基礎構造改革などを通して、市町村への権限委譲が進められてきたという、わが国保健福祉サービス提供体制変更の大きな流れが反映されていることが指摘できよう。保健サービス、障がい者福祉サービス、高齢者福祉サービスにおいてはその方向性が着々と進められた一方で、子ども家庭福祉分野においては、保育を除いて児童相談所を設置する都道府県が主たる担い手として役割を果たしてきていた。

　こうした状況の中で、本報告書は先の基本的考え方に見るように、「すべての児童相談を児童相談所のみが受け止めることは必ずしも効率的ではなく、市町村をはじめ多様な機関によるきめ細やかな対応が求められるようになってきている」という認識を示したものである。具体的あり方としては以下のように書かれている。

　　養護相談（虐待相談含む）や障害相談を含め、子どもと家庭に関する各
　　種の相談全般を一義的に市町村において受け止め、対応可能なものについ

---

　*2　本書では、子どもへの虐待を表す用語として「子ども虐待」を使用するが、法律用語
　　　では「児童虐待」とされているため、法律用語として記載する場合は「児童虐待」とい
　　　う用語を使用する。

ては必要な助言・指導を行い、更なる専門的な指導や判定、一時保護や施
設入所措置等の権限の発動を要するような要保護性の高い事例など当該市
町村における対応が困難であると思われるケースについては、児童相談所
に速やかに連絡し、児童相談所中心の対応とするなどの役割分担を行い、
児童相談所の役割を重点化していくことが必要である。

　ここに見るように、市区町村が対応可能な事例については市区町村が必要
な支援を行い、市区町村における対応が困難であると思われる事例を児童相
談所の対応に移すという役割分担の形が示されているのである。これは、
2004年の児童福祉法改正後の児童相談所運営指針や市町村相談援助指針の
記述に受け継がれていく。
　さらに、市区町村がこうした取り組みを担っていくための条件として、児
童相談所による市区町村への支援が必要という認識が持たれており、次のよ
うに書かれている。すなわち、「市町村が主体となって取り扱う個別ケース
の見立てや進行管理を含め、児童相談所や保健所による市町村に対する専門
技術的な支援その他の適切な支援が求められる。こうした都道府県による専
門的な支援等を通じ、市町村においては専門性を高めていくことが必要であ
る」とされているのである。
　また、市区町村の支援においては虐待防止ネットワークによる取り組みが
有効であるとして、その設置の促進を促すとともに、その後の要保護児童対
策地域協議会の基本的特徴につながる内容として、以下のような記載が見ら
れる。

　　ネットワークが実質的に機能するためには、その運営の中核となって、
　関係機関相互の連携や役割分担の調整を行う機関を明確にするなどして責
　任体制の明確化を図ることが重要である。また、ネットワークにおける情
　報の共有化が円滑に行えるよう、個人情報の取り扱いに関するルールの明
　確化なども検討すべき課題である。

**14**　　第1部　市区町村子ども家庭相談体制は今どうなっているか

2004年児童福祉法改正のもう1つの重点は、要保護児童対策地域協議会の法定化である。そしてその基本的特徴は、参加機関に守秘義務を負わせることで個人情報の共有体制を構築したことと、コーディネーターとしての調整機関を設定したことであろう。その基本的な要素が、前期の報告書の中に見られているのである。

なお、児童相談所の相談支援の姿勢については以下のような興味深い記載がされていた。

> 児童相談所においては、介入機能を強化することが必要である。もとより、一時保護や施設入所措置などの行政権限の発動を伴うようなケースにおいても、児童相談所における対応の基本はあくまで「相談」を入り口とする援助活動にあり、児童相談所が援助を基本とした機関としての性格を維持することについては変わるものではない。
>
> こうした基本的性格を前提としつつ、児童相談所における介入機能を強化するに当たっては、援助を行うためのソーシャルワークの技法について、従来の受容的な関わりを基本としたソーシャルワークのみならず、介入的アプローチから出発した中から一定の人間関係を形成し、その後の効果的な援助に結びつけられるような介入的ソーシャルワークの技法を開発、確立していくことが必要である。

その後の児童相談所の苦闘の歴史は、まさに上記に示されていた理念を実現しようとする模索の連続であった。相談動機のない保護者と対峙しつつも、そこから相談支援関係を構築していこうとする、支援機関としての児童相談所の取り組みは、様々な手法を導入しつつ現在も継続されている。その力量の向上はまだまだ途上にあり、人事異動によってもその蓄積は行きつ戻りつしている。しかし上記の基本的なスタンスは、これからも変わらず追求されていくべき児童相談所における支援の基本姿勢であるといえよう。

## 2……子ども家庭相談における2004年体制の始まり

　　先般、国会において出されました児童福祉改正法案におきましては、児童虐待防止対策を充実強化する観点から、児童相談所に関しまして市町村が担います役割、これを法律上明確化すると同時に、児童相談所の役割を要保護性の高い困難な事例への対応や市町村に対する後方支援というところに重点化するということが盛り込まれたところでございまして、このような取り組み、よい取り組みによりまして相談体制を、虐待防止に万全を期していくことが重要であると考えております。

　これは、2004年2月27日に開催された衆議院青少年問題に関する特別委員会での、小野清子国務大臣（当時）の答弁である。また、同じ日の委員会で、厚生労働省大臣官房審議官（当時）の北井久美子氏は以下のようにも答弁している。

　　このようなことで、児童相談所におきます専門家の充実、専門性の向上ということにさらに努めてまいりたいと考えておりますが、ただ、児童相談所においてすべての相談に十分に対応し切れていない状況は確かにあるわけでございまして、その意味から、今国会に提出をさせていただきました児童福祉法の改正案におきましては、住民に身近な市町村において、予防や早期発見を中心とした積極的な取り組みと役割を明確化して、児童相談所については、専門性の高い困難な事例への対応に重点化をする、そして全体として、地域における担い手をふやし、相談体制の充実を図るというようなことを考えているところでございます。

　当時急増しつつあった子ども虐待対応件数を前に、対応するプレーヤーを増やす必要から、2004年の児童福祉法改正により、市区町村が子ども家庭相談の窓口として児童福祉法に正式に位置づけられ、あわせて子ども虐待の

通告窓口として市区町村が加えられたのである[*3]。これ以降、わが国におい
て、市区町村と児童相談所とによる子ども家庭相談の「2層制」が開始され
たのであった。

　もちろん、それ以前から市区町村における子ども家庭相談の取り組みは創
出されつつあった。第2部で取り上げるヒアリング自治体の多くでは、1990
年代あるいは2000年前後から子ども家庭相談体制の構築が開始されていた。

　もともと市区町村には福祉事務所の中に「家庭児童相談室」が設置されて
きていた[*4]。これは、1964年の厚生事務次官通達「家庭児童相談室の設置運
営について」に基づいて運営されてきた。設置主体は都道府県または市町村
が設置する福祉事務所であり、業務は福祉事務所が行う家庭児童福祉に関す
る業務のうち、専門的技術を必要とする業務を行うこととされた。職員は社
会福祉主事と家庭相談員によって担われ、家庭相談員には一定の資格要件が
定められていた。また家庭相談員は非常勤の特別職とされたことが特徴であ
り、課題でもあった。かつて児童相談所から福祉事務所に児童福祉司が駐在
していたが、家庭児童相談室が設置された場合はそれを引き揚げることとも
されていた。家庭児童相談室は、地域におけるボランティアの開拓や母親ク
ラブなどの地域活動の促進も求められていた[*5]。こうした家庭児童相談室が
拡充された自治体もあり、家庭児童相談室が改組されて、その後の子ども家
庭支援機関へとつながる自治体も見られた。

　しかし全国的に見ればまだまだ市区町村の体制が整ってはおらず、子ども
家庭相談における役割が十分に果たせるかどうかという点では2004年当時

---

　\*3　児童虐待防止法第6条第1項が改正され、「児童虐待を受けたと思われる児童を発見し
　　　た者は、速やかに、これを<u>市町村</u>、都道府県の設置する福祉事務所若しくは児童相談所
　　　又は児童委員を介して<u>市町村</u>、都道府県の設置する福祉事務所若しくは児童相談所に通
　　　告しなければならない。」とされた（傍線筆者）。また、児童福祉法第25条の通告先にも
　　　市町村が加えられた。

　\*4　ただし、東京都内には武蔵野市を除き23区を含めて設置されていなかった。

　\*5　「家庭児童相談室の設置運営について」（昭和39年4月22日付厚生事務次官通達）に
　　　「家庭児童相談室設置運営要綱」が定められている。また、同日付厚生省児童局長通知
　　　「家庭児童相談室の設置運営について」が運営の詳細を示している。

には懸念も指摘されていた。例えば、2004年の衆議院厚生労働委員会での議事録をいくつかたどってみよう。

　　市町村のネットワークの今後の課題、問題点でございますが、私どもが調査をしたところによりますと、活動上の困難な点といたしまして幾つかございますが、先ほど委員の御指摘もありましたように、事務局に負担が集中をするとか、予算とか人材の確保が困難とか、それから効果的な運営方法がわからないとか、幾つかいろいろな要因が挙げられております。あるいは、関係機関の協力が得られないでありますとか、スーパーバイザーがいない。

　これは、2004年11月5日の衆議院厚生労働委員会における厚生労働省雇用均等・児童家庭局長（当時）伍藤忠春氏の答弁である。今も指摘され続けている市区町村相談体制の課題が、当時でも同様に指摘されていることに気づかされる。議員からは、市区町村の人員体制や専門性を心配する質問が多く出されており、それに対して伍藤氏は以下のようにも述べている。

　　私どもの考えといたしまして、この分野の取り組みには、今議員からも御指摘のありましたように、非常に大きな都道府県格差あるいは市町村の格差がある。そういったもとで早急な体制づくりを進めていくためには、国の支援が不可欠であるというふうな認識でございます。特に、児童虐待というものは子供の生命、安全にかかわる問題でありますので、それぞれの自治体に任せて自治体の判断でやればいいというようなものではないというふうに私どもは考えております。

　答弁の中では、当時進められていた三位一体改革に触れながら、「こういった児童の分野につきましては、対策が仮に不足しても、これを監視したり改善する力が非常に働きにくい。これは、地方政治の、何といいますか、いろいろな力関係の中で、児童の分野を代弁する、利害を代弁する方がいない

**18**　　第1部　市区町村子ども家庭相談体制は今どうなっているか

というような観点から、なかなか児童の問題は、隅に追いやられたり、非常に日陰に追いやられておったというのが現状ではないかというふうに思います」とも述べて、補助金を活用する枠組みを守るべきだという見解を述べている。

しかしその後の展開を見る限り、市区町村の体制整備に対する国の支援が十分であったとは評価しにくく、各自治体の取り組み次第という状況から、市区町村間の格差はなかなか埋められないままであったということができよう。

さて、当時の国会での議論を、児童相談所と市区町村とのケースの対応区分の整理という観点からも見てみたい。

まず、市区町村が担う役割について、先の委員会における伍藤氏の答弁は以下のような内容であった。

> 市町村につきましては、既にかなりのところでネットワークを組んでいただいて、事実上、もう先行してやっておる市町村も多うございますので、そういったことをモデルにしながら、軽度、初歩的な問題について前さばきをしていただく、こういった任務を市町村にお願いしたいということでございます。しかし、そういったものでも、やはりある程度のスタッフとかある程度の専門性が要求されると思いますので、市町村の体制整備についてはどういったことが望ましいのか、これからよく私どももあわせて検討していきたいと思います。

市区町村は相談の「前さばき的に」軽微な相談に対応し、児童相談所はより困難な事例に特化していく方向性がこの答弁からも示されていよう。軽微な相談といえども、市区町村に専門性が要求されていることに触れていることは重要視すべきだと考える。

一方で、市区町村の相談対応によって児童相談所の業務が軽減されるのかどうかについては、以下のように興味深い答弁をしている。

第1章　市区町村子ども家庭相談はどう進展してきたか　　**19**

児童相談所がこれによって急激に事務量が減るかというと、必ずしもそうでもない。やはり、ふえ続けておる虐待相談とかそういったものにどう対応していくか。それから、市町村に任務を担っていただくとすれば、その市町村をある程度支えたり後方から支援をする、バックアップをしていただく事業も必要になりますから、こういった面で、必ずしも軽減をされるとは限りませんが、とにかく、都道府県と市町村が力を合わせて、あらゆる機関を総動員してこういった問題に対応していこうということで今回提案をしておるわけでありますので、いろいろ推移を見ながら、できるだけそういう体制の整備についても努力をしていきたいというふうに思っております。

　実際にも、当時児童福祉司をしていた筆者の実感では、市区町村における虐待対応が始まったことで児童相談所の業務量が軽減されたという実感はなく、むしろ市区町村の対応に対する支援や市区町村との調整のために負担が増加したというのが現場の感覚であった。会議の回数が大幅に増え、その負担感も加わった。市区町村によっては、受けた通告をそのまま児童相談所に連絡をしてくるということも見られ、市区町村独自のアセスメントや対応が成熟していくのには、経験の蓄積を伴う一定の期間が必要であった。

## 3……「市町村児童家庭相談援助指針」に見る市区町村の役割

　2004年12月3日に改正児童福祉法が公布され、市区町村の子ども家庭相談については2005年4月1日から実施に移されることとなった。同改正法では、第10条に新たに市町村の規定が設けられ、その業務内容は以下のように定められた。

　　第十条　市町村は、この法律の施行に関し、次に掲げる業務を行わなければならない。
　一　児童及び妊産婦の福祉に関し、必要な実情の把握に努めること。

二　児童及び妊産婦の福祉に関し、必要な情報の提供を行うこと。

三　児童及び妊産婦の福祉に関し、家庭その他からの相談に応じ、必要な調査及び指導を行うこと並びにこれらに付随する業務を行うこと。

　それに対して、従来は第15条に置かれていた都道府県の業務は以下のように改正された。

第十一条　都道府県は、この法律の施行に関し、次に掲げる業務を行わなければならない。

一　前条第一項各号に掲げる市町村の業務の実施に関し、市町村相互間の連絡調整、市町村に対する情報の提供その他必要な援助を行うこと及びこれらに付随する業務を行うこと。

二　児童及び妊産婦の福祉に関し、主として次に掲げる業務を行うこと。

イ　各市町村の区域を超えた広域的な見地から、実情の把握に努めること。

ロ　児童に関する家庭その他からの相談のうち、専門的な知識及び技術を必要とするものに応ずること。

ハ　児童及びその家庭につき、必要な調査並びに医学的、心理学的、教育学的、社会学的及び精神保健上の判定を行うこと。

二　児童及びその保護者につき、ハの調査又は判定に基づいて必要な指導を行うこと。

ホ　児童の一時保護を行うこと。

　さらに、第12条で、「児童相談所は、児童の福祉に関し、主として前条第一項第一号に掲げる業務及び同項第二号ロからホまでに掲げる業務を行うものとする」とされたのである。このロの項目については、改正前の条文では「児童に関する各般の問題につき、家庭その他からの相談に応ずること」とされており、改正法では「専門的な知識及び技術を必要とするもの」が加わったことになる。

　この「専門的な知識及び技術」は何を指すのか、また市区町村の相談支援

第1章　市区町村子ども家庭相談はどう進展してきたか　**21**

にも児童相談所とは異なる意味での「専門的な知識及び技術」が必要ではないかという疑問が残り、この点は明確にされてはこなかったと思われる。

さて、2005年2月14日、厚生労働省雇用均等・児童家庭局長通知として「市町村児童家庭相談援助指針」\*6（平成17年2月14日付厚生労働省雇用均等・児童家庭局長通知）が発出された。市区町村が子ども家庭相談体制に位置づけられてから最初に通知された、市区町村向けの相談対応ガイドラインである。

その中から、市区町村の役割と児童相談所との役割区分に関する部分を見てみよう。以下のように記されている。

①都道府県と市町村の役割分担・連携については、まず市町村は、
　　［1］第10条第1項第3号に掲げる業務（児童家庭相談に応じる等の業務）のうち専門的な知識及び技術を必要とするものについては、児童相談所の技術的援助及び助言を求めなければならず（児福法第10条第2項）、
　　［2］この児童家庭相談に応じる等の業務を行うに当たって、医学的、心理学的、教育学的、社会学的及び精神保健上の判定を必要とする場合には、児童相談所の判定を求めなければならない（児福法第10条第3項）こととされている。
　　他方、都道府県知事は、市町村の第10条第1項各号に掲げる業務の適切な実施を確保するため必要があると認めるときは、市町村に対し、必要な助言を行うことができることとされている（児福法第11条第2項）。
②児福法においては、都道府県と市町村の間で適切な役割分担・連携を図りつつ、特に市町村に対しては、現在、市町村において実施されている母子保健サービスや一般の子育て支援サービス等をはじめ、虐待の未然防止や早期発見を中心に積極的な取組を行うことを期待するものである。
　　具体的には、市町村については、

---

\*6　2016年の児童福祉法改正によって本指針は廃止され、新たに「市町村子ども家庭支援指針」（平成29年3月31日付厚生労働省雇用均等・児童家庭局長通知）が発出されることとなるが、市区町村の基本的機能の骨子については引き継がれている。

［1］住民等からの通告や相談を受け、一般の子育て支援サービス等の身近な各種の資源を活用することで対応可能と判断される比較的軽微なケースについては、市町村中心に対応する

　［2］ケースの緊急度や困難度等を判断するための情報収集を行い、立入調査や一時保護、専門的な判定、あるいは児童福祉施設への入所等の行政権限の発動を伴うような対応が必要と判断される困難なケースについては児童相談所に直ちに連絡する

　［3］施設を退所した子どもが安定した生活を継続できるよう、相談や定期的な訪問等を行い子どもを支え見守るとともに、家族が抱えている問題の軽減化を図る

など、自ら対応可能と考えられる比較的軽微なケースへの対応や、重篤なケースに関する窓口、自ら対応してきたケースについて、行政権限の発動を伴うような対応が必要となった場合の児童相談所への連絡等の進行管理を担うことが求められる。

③都道府県（児童相談所）については、こうした市町村相互間の連絡調整や情報提供、市町村職員に対する研修の実施等の必要な援助を行うほか、

　［1］個別のケースに関する初期対応や支援の進捗状況の管理、行政権限の発動の必要性の判断も含め、児童家庭相談への市町村の対応について技術的援助や助言を行うとともに、

　［2］一般の国民等から直接通告や相談を受け、あるいは市町村では対応が困難なケースの送致を受け、立入調査や一時保護、児童福祉施設への入所等の都道府県にのみ行使が可能な手段も活用しつつ、子どもやその保護者に対する専門的な支援を行う

　［3］施設を退所した子どもが安定した生活を継続できるよう、子どもやその保護者に対し、児童福祉司指導などの専門的な支援を行う

ことが求められる。

④都道府県（児童相談所）と市町村の役割分担・連携の基本的考え方は以上のとおりであるが、児童家庭相談に関して「軽微」あるいは「専門的」と判断する具体的な基準については、市町村や都道府県の児童家庭相談体制

にもよることから、当面、上記の考え方を踏まえつつ、自ら対応すること
が困難であると市町村が判断したケースについては、都道府県（児童相談
所）が中心となって対応することを基本に、都道府県（児童相談所）と市
町村の役割分担・連携の具体的なあり方について十分調整を図り、児童家
庭相談への対応に万全を期すことが必要である。

　以上に見るように、市区町村の相談支援体制の状況をふまえて、市区町村
が自ら対応できるかどうかを判断し、そうでないと判断される場合は児童相
談所の対応を求めるという、ある意味では臨機応変な基準が設定されたとい
えよう。市区町村と児童相談所との間での明確な担当事例区分の設定をする
ことは困難という状況判断があったと思われるが、この点はその後もあいま
いなまま、市区町村と児童相談所との2層制における最も整理のつかない点
として、残り続けてきたといえよう。
　こうして、市区町村は「軽微な相談」、児童相談所は「困難事例への対応」
と「市区町村の後方支援」といったおおまかな役割区分での相談対応体制が
開始されたのである。市区町村と児童相談所のどちらがどういった事例に対
応するのかという区分けは、自治体の状況に応じた工夫がなされていくが、
統一した区分けの指針がないまま、時にはどちらが対応するかというもめ事
を含みつつ展開されていく。第2部で見るように、中には相互の協働により
対応することでお互いの信頼関係を高めている自治体も現れ、様々な様相を
呈していくのである。
　なお同年の児童福祉法及び児童虐待防止法改正では、市区町村から児童相
談所へ事例を移す手法として、「送致」[*7]と「通知」[*8]が法定されることとなっ
た。実際には市区町村から児童相談所へ助言を求めることや情報提供といっ

---

[*7]　児童福祉法第25条の7が設けられ、「第二十七条の措置を要すると認める者並びに医
　　学的、心理学的、教育学的、社会学的及び精神保健上の判定を要すると認める者は、こ
　　れを児童相談所に送致すること」とされた。第27条の措置とは、都道府県による里親委
　　託や施設入所の措置あるいは、児童福祉司指導等の措置などである。

[*8]　児童虐待防止法第8条で、立入調査あるいは一時保護の「実施が適当であると認める
　　ものを都道府県知事又は児童相談所長へ通知すること」と定められた。

たつなぎ方も多く見られ、送致についても両者の間での意思疎通を欠く事例も散見されるなど、事例のつなぎ合いに関しては多くの自治体で混乱が続くこととなった。

## 4……地域における支援ネットワークの展開

2004年児童福祉法改正では、市区町村が相談窓口として法的に位置づけられたのと同時に、地域におけるネットワーク支援が「要保護児童対策地域協議会」として法的に確立されたことも特筆される。

2004年当時、すでに39.8％の市区町村には子どもを守る地域ネットワークが設立されていたとされる[9]。多くの自治体でネットワークによる支援の模索がすでに始まっていたのである。法改正後の2005年には、4.6％の市区町村が要保護児童対策地域協議会（以下、協議会）を設置しており、児童虐待防止ネットワークを設置している46.4％と合わせると、過半数にあたる51.0％の自治体がネットワークによる支援体制を構築している[10]。

厚生労働省はこれに先立ち2000年に、児童虐待防止市町村ネットワーク事業を創設した。当時は先進事例として、東京都三鷹市や大阪府泉大津市などの取り組みが紹介された。

2007年には「要保護児童対策地域協議会（子どもを守る地域ネットワーク）スタートアップマニュアル」が厚生労働省から公表され、静岡県沼津市や大阪府枚方市などの取り組みが紹介されて設置が推進された。2007年当時の設置率は、協議会が65.3％、児童虐待防止ネットワークが18.8％、合わせると84.1％の自治体が協議会又はネットワークを設置しており[11]、短期間で急

---

*9 「市町村域での要保護児童対策地域協議会及び児童虐待防止を目的とするネットワークの設置状況調査の結果について（平成17年6月調査）」（厚生労働省雇用均等・児童家庭局総務課虐待防止対策室、2005年11月18日発表）

*10 同上資料から。

*11 「市町村における要保護児童対策地域協議会（子どもを守る地域ネットワーク）の設置状況等の調査結果について（平成19年4月調査）」（厚生労働省雇用均等・児童家庭局総務課虐待防止対策室、2007年10月31日発表）

速に設置が進められていることがわかる。

　また、2007年には児童福祉法改正によって、協議会の設置が努力義務化された。さらに2008年には、特定妊婦[*12]と要支援児童[*13]が新たに協議会の協議対象として加えられた。2012年になると『「要保護児童対策地域協議会」の実践事例集』が厚生労働省から公表され、東京都世田谷区や神奈川県横須賀市をはじめとした7自治体のヒアリング調査結果が紹介され[*14]、運営の工夫がまとめられるとともに、具体的な事例をもとにした対応方法が紹介されている。

　このように設置が進められた協議会の目的は、児童福祉法第25条の2に示されている。すなわち、要保護児童の適切な保護又は要支援児童若しくは特定妊婦への適切な支援を図るため（第1項）に、必要な情報の交換を行うとともに、支援の内容に関する協議を行う（第2項）と定められているのがそれである。

　そしてそのために、事例に関する個人情報を関係機関で交換することを可能とするため、協議会を構成する者に対して守秘義務が課された（児童福祉法第25条の5）。このことにより、支援の検討をするための個人情報共有が法的に保障されたことが、協議会法定化の大きな意義であろう。

　また、協議会のもう1つの特徴は、協議会の要となってコーディネートする機関を設定することであり、それが「調整機関」と呼ばれるものである（児童福祉法第25条の2第4項）。調整機関の役割は、児童福祉法第25条の2第5項に示されており、協議会に関する事務を総括するとともに、支援の実施状況を的確に把握し、関係機関等との連絡調整を行うこととされている。な

---

*12　出産後の養育について出産前において支援を行うことが特に必要と認められる妊婦（児童福祉法第6条の3第5項）。

*13　保護者の養育を支援することが特に必要と認められる児童（要保護児童に該当するものを除く。）（児童福祉法第6条の3第5項）。なお、要保護児童は、保護者のない児童又は保護者に監護されることが不適当であると認められる児童（児童福祉法第6条の3第8項）。

*14　厚生労働省『「要保護児童対策地域協議会」の実践事例集』（2012年12月14日）では、東京都世田谷区、神奈川県横須賀市、大阪府枚方市、静岡県沼津市、福岡県糸島市、長野県伊那市、長野県須坂市が取り上げられ、それぞれの特徴がまとめられた。

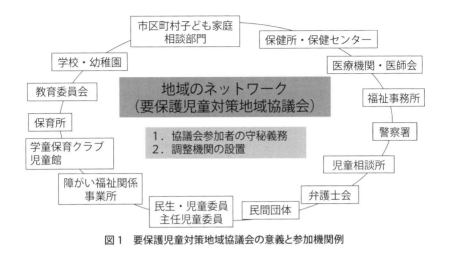

**図1　要保護児童対策地域協議会の意義と参加機関例**

　お、2016年の児童福祉法改正では、調整機関の専門性を強化するため、専門職を調整担当者としておくこと、及び調整担当者の研修受講義務が法定された。

　2007年の厚生労働省調査によると、協議会設置のメリットとして、「関係機関間の情報提供・収集・共有がしやすくなった」という回答が90.1％と最も多く、「児童虐待に関する理解・認識・関心が高まった」が78.7％で続き、「関係機関相互の信頼感が高まった」が70.6％、「役割分担が明確になる」が53.6％などとなっていた。また、活動上の困難点は、「スーパーバイザーがいない」が57.4％、「調整機関に負担が集中してしまう」が55.5％、「効果的な運営方法がわからない」が51.9％などとなっており、「予算・人員の確保が困難」も43.8％あった。さらに、機能充実のための課題では、「関係機関構成員の基礎知識と危機感の共有化が必要」が71.8％と高く、「効果的な会議運営方法が必要」が67.1％、「関係機関職員の専門職化、人材確保が必要」が54.3％、「児童相談所との役割分担の明確化」が50.0％となっていた[15]。今に続く課題が当時から高い比率で指摘されている。

---

[15] 「市町村における要保護児童対策地域協議会（子どもを守る地域ネットワーク）の設置状況等の調査結果について（平成19年4月調査）」（厚生労働省雇用均等・児童家庭局総務課虐待防止対策室、2007年10月31日発表）

## 5……2016年児童福祉法改正への経緯と
## 「市町村子ども家庭支援指針」

### （1）国・都道府県・市町村の役割整理

　2016年は児童福祉法の歴史にとって画期となった年であった。児童福祉法の基本理念を示す第1条から第3条の総則が根本的に改められたのである。改正の内容は、子どもを「福祉を等しく保障される権利」の主体として明記したうえで、「子どもの意見の尊重」と、「子どもの最善の利益の優先的考慮」という、国連子どもの権利条約の基本理念をわが国児童福祉法に取り込むものとなった。革命的ともいえるこの改正を力として、子どもの権利を保障するために、私たちは日ごろの取り組みを真摯に振り返りつつ、子どもを中心に置いた支援の構築を進めていかなければならない。さらに、新設された第3条の2で、国や地方公共団体は「児童の保護者を支援しなければならない」と規定されたことも、子どもの幸せを実現するための子ども家庭支援の基本姿勢を示したものとして重要な改正であった。

　さて、この児童福祉法改正の目的の1つが、市区町村における子ども家庭支援の取り組みをさらに一歩進めることであった。そのため、国・都道府県・市区町村のそれぞれの役割と責務を明確にするための規定が新設されたのである。それが第3条の3である。簡潔に表で示すと次のようになる。

表1　2016年改正児童福祉法第3条の3が示す市区町村・都道府県・国の役割

| 市町村 | ○児童の身近な場所における児童の福祉に関する支援 |
|---|---|
| 都道府県<br>（児童相談所） | ○市町村に対する必要な助言及び適切な援助<br>○専門的な知識及び技術並びに各市町村の区域を超えた広域的な対応が必要な業務 |
| 国 | ○児童が適切に養育される体制の確保に関する施策<br>○市町村及び都道府県に対する助言及び情報の提供 |

### （2）法改正に至る専門委員会の提言

　この法改正に先立って、厚生労働省は2014年9月に社会保障審議会児童

部会のもとに、児童虐待防止対策のあり方に関する専門委員会を設置して、虐待対応全般に関する見直しを開始した。市区町村が児童相談窓口として位置づけられた2004年児童福祉法改正から、10年が経過した時点での諸課題の整理となった。取り上げられた課題は多岐にわたったが、その中で、「初期対応の迅速化や的確な対応のための関係機関の連携強化」と「要保護児童対策地域協議会の機能強化」という課題が立てられ、市区町村の相談体制及び児童相談所との役割分担に関して検討がなされた。

2015年8月に提言された報告書[*16]では、「市町村と児童相談所との役割分担の明確化と必要な支援を実施できる体制強化」という項目が置かれ、市区町村の支援のあり方について以下のような提言がなされた。

ア　市町村が果たす役割
○市町村が通告先とされたことから、市町村も介入的な機能を果たす機会が増加している。市町村がそうした役割を果たすことは重要であるが、同時に、市町村は住民に近い存在として継続的な支援を行う中核的な役割を担っており、市町村が介入的な機能を果たした後の継続的な支援についての調整が難しいのは児童相談所と同様。

この意味でも、市町村と児童相談所で共通のアセスメント方法を利用し、相互の役割分担を明確にした上で、連携しつつ、支援をしていくことについて検討が必要。
○また、市町村で、要支援児童について多様な育児支援策の充実や、使いやすいサービスメニューを積極的に活用、展開していくことが虐待防止につながるとともに市町村や児童相談所の負担軽減を図る上でも有効。

市区町村が通告先に加えられてから、市区町村も通告を受けての安全確認作業も求められるようになり、児童相談所と同様の介入的なスタンスでの相談対応をしなければならなくなった。こうして、「ミニ児相化」とも呼ばれ

---

＊16　社会保障審議会児童部会児童虐待防止対策のあり方に関する専門委員会報告書（平成27年8月28日）

るような状況が生まれてきていたのである。

　また、市区町村と児童相談所との対応事例の区分があいまいになる状況も現出してきた。その背景として、児童相談所全国共通ダイヤル（189）の導入があげられる。ダイヤル3桁化によって、児童相談所が受理する虐待事例は近隣知人からの「泣き声通告」をより多く集める仕組みとなり、さらには従来市区町村が対応していた「子育てのなんでも相談」までもが児童相談所に集まることとなった。児童相談所はそうした軽度の虐待事例への安全確認作業に追われる状況がさらに増大した。さらにはまた、警察署からのDVにからんだ心理的虐待通告の激増により、その48時間以内での対応に追われる状況となった。

　一方で、対応力が高まった市区町村は管内の関係機関からの虐待通告が集まるようになり、その中で児童相談所の対応が必要な事例に児童相談所の関与を求める体制が進んだため、むしろ市区町村の方に困難度の高い虐待事例が集まる状況も見られるようになった。そのため、事例の重症度の軽重と対応する機関との間でのミスマッチが指摘されるようになった。そこで、市区町村と児童相談所との対応事例の整理をして、それぞれが持つ役割機能を活かせる対応ができるような体制構築の検討が求められるようになったのである。

　検討の結果、市区町村の支援機能を高める方向性が示されるとともに、市区町村と児童相談所とが共通したアセスメントツールを使用することやそれぞれの人員体制の強化があわせて提言されたのである。

　次に、要保護児童対策地域協議会については以下のような課題が示された[17]。

　　「子ども虐待による死亡事例等の検証結果等について」の報告書によると、死亡事例の中には協議会に要保護児童として登録されていなかったり、登録されていても関係機関間での情報共有や役割分担が十分に行われていない事例が見受けられた。

　　一方、市町村によっては協議会の実務者会議において進行管理する事例数が年々増加し、個々の事例について十分な検討を行う余裕がない状況に

---

　＊17　16に同じ。

あることが指摘されている。

　そこで提言では、

　　　協議会の登録ケースが増加したことにより、実務者会議における関係機
　　関間での十分な情報共有が困難な場合がある。このため、例えば、部会方
　　式や参加者を限定した機関での連絡会の実施などの運営方法の工夫が必要。
　　　調整機関が、各機関の支援の調整を行うマネジメント、協議会の進行管
　　理の役割等を円滑に果たすためには、職員の高い専門性が必須。協議会の
　　中軸となる調整機関への専門職員配置が必要。また、平素から関係機関間
　　の連携等が容易になるよう、専門職員については一定の期間継続して勤務
　　することや、異動時の引継ぎが十分に行われるような配慮が必要。
　　　児童相談所は協議会の助言者としての役割を持つ一方で、同時に構成員
　　でもあり、自らが対応方針を判断して必要な介入を行うことが求められる。
　　したがって、児童相談所は助言者の役割と支援者としての役割をそれぞれ
　　積極的に果たすことが重要。

といった点が指摘された。
　ここで触れられているように、協議会での登録ケース数が増大するにつれ、
その実効的な進行管理のあり方が課題となってきた。また、支援のコーディ
ネイトをする市区町村職員の専門性の蓄積も問われるようになってきた。さ
らに、児童相談所が協議会で果たす役割についても、積極的な姿勢が求めら
れるようになってきたのである。

## （3）「新たな子ども家庭福祉のあり方に関する専門委員会」から
### 　　2016年児童福祉法改正へ
　2014年9月に設置された専門委員会は2015年8月の報告書で一区切りを
つけたが、その後に委員の構成もほとんど引き継ぐ形で「新たな子ども家庭
福祉のあり方に関する専門委員会」が2015年9月に設置され、議論はさら

に発展的に継続された。同専門委員会は2016年3月に報告書[18]をまとめ、その結果、2016年5月の児童福祉法改正へとつながっていく。

本専門委員会の検討事項の柱の1つに、「国、都道府県（児童相談所）、市町村の責務と役割の明確化について」が立てられた。2016年3月の報告書では市区町村にかかわって、基本的考え方の中で、

○国・都道府県・市区町村の責任と役割を明確にすること。

○基礎自治体（市区町村）の基盤強化と地域における支援機能を拡大するため、市区町村に地域子ども家庭支援拠点を整備すること。

○各関係機関の役割の明確化と機能強化を図るため、児童相談所は子どもを守るというハードな役割を担い、保護者に寄り添って養育の改善を促すというソフトな役割を市区町村が中心となって担うこと。

といった方向性が示された。そして、1番目の項目は、本節（1）に述べた役割分担として法改正に盛り込まれたのである。

2番目の項目は、2016年の改正児童福祉法で新たに第10条の2が設けられる形で結実し、条文では以下のように定められた。

> 市町村は、前条第一項各号に掲げる業務を行うに当たり、児童及び妊産婦の福祉に関し、実情の把握、情報の提供、相談、調査、指導、関係機関との連絡調整その他の必要な支援を行うための拠点の整備に努めなければならない。

そして、この拠点はその後に「市区町村子ども家庭総合支援拠点」[19]と名

---

[18]　社会保障審議会児童部会新たな子ども家庭福祉のあり方に関する専門委員会報告（提言）（2016年3月10日）

[19]　この市区町村子ども家庭総合支援拠点のモデルとされたのは、東京都が都単独事業として推進してきた都内各区市町村の「子ども家庭支援センター」（児童福祉法上の児童家庭支援センターとは異なる制度）とされる。これは1995年に開始された事業であり、2003年からは虐待対応力を強化した先駆型子ども家庭支援センターの設置を促進している。人員配置に関する都の補助基準が示されており、他府県に比べて総じて手厚い体制となっている。東京都では各区市町村の子ども家庭支援センターが要保護児童対策地域協議会の調整機関となる。市区町村の中には、民間社会福祉法人に同センターを委託している自治体もある。また、同一区内に複数のセンターを設置している自治体もある。

づけられ、そのガイドラインを作成するためのワーキンググループでの検討を経て、2017年3月31日付で厚生労働省雇用均等・児童家庭局長通知として「市区町村子ども家庭総合支援拠点の設置運営等について」及び「『市町村子ども家庭支援指針』（ガイドライン）について」が発出されるのである。

　3番目の項目に関しては、提言の中で、

　　　児童相談所と市区町村に二元化されている通告窓口に関し、共通の窓口を都道府県レベルで設置し、集中的に電話による子ども虐待通告・相談を受理し、緊急度を判断して、初期対応を行う機関等とその期限を決定する機関（以下「通告受理機関」という。）を創設することについて、モデル的取組から検討する。

と記載されたが、一方で

　　　なお、電話応対だけでは的確な判断が困難であり、初期対応までを一続きに考えるべきで、相談の対象範囲を含めて現行のままとすべきであるといった意見があった。

という反対意見も併記されており、その方法に関しては議論が分かれ現実には進んでいない。
　また、提言の中では「今後の子ども家庭福祉においては、支援の担い手の中心を市区町村とすべき」とか「在宅支援の場合、具体的支援は市区町村となる」等の表記も見られるが、現実には市区町村の体制整備が伴わない限り難しく、あり方については引き続き検討が必要となっている。

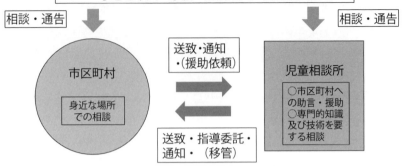

図2　市区町村と児童相談所との2層制概念図（対応事例の移行方法を含む）

　なお、2016年児童福祉法改正では、児童相談所から市区町村へ事例を移す方法として、児童相談所から市区町村への「送致」[20]と「指導委託」[21]が新たに定められた。従来、市区町村と児童相談所との間での事例のやりとりについては、市区町村から児童相談所への送致と通知が法定されていた。これに対して、児童相談所から市区町村へ移す方法は法的に明記されていなかった。現実には児童相談所が軽度の虐待事例の対応に追われる中で、その対応を市区町村に委ねることを求める見解が児童相談所側からは出されていた。そこで法改正は両者間の対応事例を整理し、児童相談所がより重症度の高い事例への介入的な対応に注力できるように意図したものといえよう。しかし、実際にどういう事例で送致や指導委託を行うのかは明確とはいえない。

　市区町村の相談体制は脆弱なところが多く、市区町村の体制や対応力を考慮せずに児童相談所から一方的な送致や指導委託を行うことは適切ではない

---

[20]　児童福祉法第26条第3項「児童及び妊産婦の福祉に関し、情報を提供すること、相談（専門的な知識及び技術を必要とするものを除く。）に応ずること、調査及び指導（医学的、心理学的、教育学的、社会学的及び精神保健上の判定を必要とする場合を除く。）を行うことその他の支援（専門的な知識及び技術を必要とするものを除く。）を行うことを要すると認める者（次条の措置を要すると認める者を除く。）は、これを市町村に送致すること」。

[21]　児童福祉法第26条第1項第2号及び第27条第1項第2号の指導措置を委託できる対象として、従来の児童家庭支援センター等に加えて市町村が規定された。

だろう。両者の十分な協議により、児童相談所が方針を明確に提示して、合意のうえで実施する必要がある。市区町村の規模や体制に応じて対応が可能な範囲も異なってくるため、それぞれの市区町村に応じた方法を構築することが求められている。

## （4）「市町村子ども家庭支援指針」の発出
### ──市区町村と児童相談所との関係整理

2017年4月1日から「市町村子ども家庭支援指針」が実施に移され、それに伴って「市町村児童家庭相談援助指針」は廃止された。

市区町村の業務内容に関して、従前と大きく変わったところはないが、法改正を受けて、国・都道府県・市区町村の役割分担の考え方が整理され、新たに児童相談所からの送致や指導委託の考え方と方法が盛り込まれている。

児童相談所と市区町村の事例区分の考え方について以下に引用すると、従前の枠組みと変わりはないが、傍線部分が新たに加わっている。

> 子ども家庭相談に関して「専門的な知識及び技術並びに各市町村の区域を超えた広域的な対応が必要」と判断する具体的な基準については、市町村や都道府県の子ども家庭相談体制にもよるため、（中略）自ら対応することが困難であると市町村が判断したケースについては、児童相談所が中心となって対応することを基本に、都道府県（児童相談所）と市町村の協働・連携・役割分担の具体的なあり方について十分調整を図り、方針・役割分担の記録は残しておき、組織として、担当者として共有を図り、変更が生じるたびに改訂を加えていくなど、子ども家庭相談への対応に万全を期すことが必要である。（傍線筆者）

1つ目の傍線について、従前の指針では、「児童家庭相談に関して『軽微』あるいは『専門的』と判断する具体的な基準については、」となっていた。「軽微」という用語が削除されているとともに、児童福祉法の条文に合わせて文言が加えられている。また、2つ目の傍線部分からは、市区町村と児童

相談所双方の協議が逐次丁寧に行われることを求めていると考えられる。

　ここで、「専門的な知識及び技術」とは何かが問われる必要がある。児童相談所の専門性をあげるとするならば、他の機関にない権限としての一時保護の適切な実施や、立入調査・家庭裁判所への申立てなどの法的対応を的確に判断して行うことであるといえよう。また、児童福祉法第10条第3項では、「医学的、心理学的、教育学的、社会学的及び精神保健上の判定を必要とする場合には、児童相談所の判定を求めなければならない」とされており、児童福祉司による社会調査に基づく社会診断や、児童心理司・児童精神科医等を要する児童相談所のクリニカルな機能が、その専門性にあたるといえるのではないだろうか。

　一方で、市区町村に専門性が必要ないのかと問われれば、地域のサービス資源を組み合わせて家庭をサポートするためのコーディネート力や、それらのサービスに子どもと家族をつなげるソーシャルワーク力などが求められており、それは児童相談所とは異なる専門性として位置づけられるのではないかと考えられる。市区町村は独自の専門性を高めていく努力が必要であるといえよう。こうした点をふまえて市区町村と児童相談所の特徴的な機能と基本的なスタンスをまとめると、次の表のようになると考える。

表2　市区町村と都道府県（児童相談所）の機能の相違

| | 特徴的な機能 | 支援の基本スタンス |
|---|---|---|
| 市区町村 | ○サービス提供によるサポーティブな支援 | 予防と支援的関与 |
| 都道府県（児童相談所） | ○立入調査、一時保護、入所措置、親権制限などの法的権限行使<br>○心理学的・精神医学的診断に基づく支援（クリニック機能） | 枠組みづくりと介入的関与 |

　市区町村と児童相談所との対応事例区分の調整は、まだ十分に整理されているとはいえず、各自治体での模索が続けられている。現場の工夫例をふまえながら、そのあり方を引き続き検討していくことが求められている。

第2章

# 市区町村子ども家庭相談は
# どのような課題を抱えているか

川松 亮

## 1……市区町村の相談体制はどうなっているか

　第1章では市区町村の子ども家庭相談の推進に向けて、主として2004年以降の整備状況を見てきた。しかし未だに市区町村相談体制の条件整備は十分とはいえず、様々な課題を抱えているのが実情である。以下では現在の課題のいくつかについて触れ、第2部での自治体ヒアリング報告の問題意識につなげたい。

### （1）専門職の配置

　厚生労働省子ども家庭局家庭福祉課調べ（2017年4月1日現在）[*1]によると、全国の市区町村における虐待対応担当窓口職員のうち、児童福祉司と同様の資格を有する者が23.2％、これに保健師・助産師・看護師・教員免許を有する者・保育士等の一定の専門資格を有する者を加えると67.7％であった。残りの32.3％は専門資格を有しない事務職等となる。

　これを人口規模区分別に見ると、人口規模が小さくなるほど何らかの専門資格を有する者の比率が下がり、一定の専門資格を有する者の比率は町では51.3％、村では57.5％と半数程度となっている。

---

*1　厚生労働省『市町村（虐待対応担当窓口等）の状況調査（平成29年度調査）　1.虐待対応担当窓口の運営状況調査結果の概要』（厚生労働省子ども家庭局家庭福祉課虐待防止対策推進室調べ）

中でも、社会福祉職と心理職の配置はなかなか進んでいないのが現実である。市区町村ではこれらの職員を採用しても任用できる職場が少なく、異動先がないために採用しにくいという事情がある。今後、子ども家庭相談における支援を市区町村主体にしていくならば、社会福祉職や心理職の配置は欠かせないだろう。こうした職員が任用されるように自治体を促すことや、単一自治体での雇用が難しい場合に、複数自治体での人事交流や、共同での拠点の設置、あるいは児童家庭支援センター*2に相談対応を委託するなどの方法の検討が求められる。

## （2）専任・兼任別の人員構成

上記の家庭福祉課調べ（2017年4月1日現在）で市区町村虐待対応担当窓口職員の専任・兼任の別を見ると、専任は38.9％と少ない。人口規模別での専任の比率は、人口30万人以上の市が69.7％と最も高いが、人口規模が小さいほど比率が下がり、人口10万人未満の市では42.5％、町では12.8％、村では7.5％となっている。また、政令指定都市・児童相談所設置市で33.1％と低い。兼任の中には、要保護児童対策地域協議会調整機関の兼任も含まれているため、虐待相談対応をしながら、協議会の運営にも携わっている職員が多いことを意味するだろう。

小さい自治体では、窓口の職員が、保育所入所事務など他の業務も兼任している場合が見られ、子ども家庭相談の業務に専念しにくい状況となっている。もともと配置人数が少ないうえに兼任業務では、子ども家庭相談の充実を図ることは難しい。専門職を専任で配置できるような、市区町村への財政的な支援策が求められているだろう。

## （3）正規・非正規別の人員構成

同様に家庭福祉課調べ（2017年4月1日現在）で市区町村虐待対応担当窓口

---

*2　全国の児童家庭支援センターの中には、市区町村の子ども家庭相談支援の中で重要な位置を占めているセンターが存在する。詳しくは、子どもの虹情報研修センター2016年、2017年研究報告書『児童家庭支援センターの役割と機能のあり方に関する研究（第1報）、（第2報）』（研究代表者川並利治、2018年3月、2018年7月）を参照。

職員の正規・非正規の別を見ると、正規が69.2％と約3分の2であった。これについては、人口10万人未満の市が最も低く54.2％であり、逆に町は87.7％、村は91.3％と正規の割合が高かった。町村は配置人数が少ない一方で正規職員が兼任によって業務にあたっている状況にあると考えられる。

非正規雇用の職員が多くなると、勤務時間の制約や責任範囲のあいまいさから、業務に支障が生じることも考えられる。一方で、非正規職員の方が正規職員よりも勤務経験年数が長い傾向が見られる。正規職員は短期で異動するが、非正規職員の相談員が経験豊富で実質的な対応を担っているということも考えられる。

安定した身分保障のある正規職員が、長い勤務経験を蓄積できる体制の構築が求められているといえよう。

### （4）勤務経験年数の現状

上記と同じ資料から市区町村虐待対応担当窓口職員の勤務経験年数を見てみよう。それによると、6か月未満が21.2％、6か月～1年未満が5.4％、1年～2年未満が21.1％であり、2年未満で47.7％となる。一方で、5年～10年未満が13.3％、10年以上は7.1％と少ない。

経験値が求められる子ども家庭相談において、一定程度の勤務経験年数を積むことが必要であり、経験の長い職員が少ないことは、自治体としての専門性が蓄積していかないことにもつながる。人員配置が少ない職場では、長く勤務した職員が異動した後で、支援の水準が低下することも懸念される。人事異動の周期を長くして勤務経験を蓄積できるとともに、複数の専門職が時期をずらしながら異動することで組織としての専門性が蓄積されるような工夫も求められる。

### （5）研修実施の実情

市区町村の専門性を高めるためには、研修の実施や外部研修への参加、及び職場内でのOJTの充実が必要である。

加藤曜子氏らの調査によると、市区町村に研修予算がないと答えた自治体が

52.6％あった[3]。これでは職員が幅広い知識と技術を身につける機会を設けることができない。自治体独自の研修を組み、他機関の参加も得て、地域全体で認識を共有して、地域の子ども家庭支援体制を高めていかなければならない。

また、外部の研修の参加には派遣の費用が必要であり、複数の職員が年間を通して参加できる体制の構築も求められる。

職員の育成という点では、職場内で先輩から助言を受けることや、同僚との学び合いが最も力となる。経験年数構成のバランスが取れた職員構成によって、職場内OJTが活性化するような工夫も求められている。

研修の1つとして、児童相談所への一定期間の派遣を実施している自治体もある。児童相談所で一定期間の相談対応経験を積んだうえで、市区町村に戻って対応をすることで、児童相談所の対応方法をふまえた市区町村支援を行うことが可能となろう。派遣するためには、代替の職員が確保されることも必要となる。また、児童相談所と市区町村の間での人事交流も進められる必要があろう。

市区町村の相談対応力の向上のためには、スーパーバイザーの配置も欠かせない。経験年数の長い職員がスーパーバイザーとしての判断ができるような組織を構築していく必要がある。あわせて、外部からのスーパーバイズを受けられるようにすることも検討すべきであろう。職員育成は人事制度ともからんでおり、検討すべき課題は多いといえる。


## 2……相談対応の現状はどうなっているか

### （1）児童相談所との関係

市区町村と児童相談所との2層制が始まって以来、個々の事例に対する双方の認識の相違や、事例対応の区分に関する行き違いが表面化するようになった。市区町村は児童相談所の権限の活用を求めるものの、児童相談所は市区町村のサービス提供による継続的支援を優先する姿勢を取り、その支援方

---

[3] 厚生労働省平成26年度児童福祉問題調査研究事業「要保護児童対策地域協議会の活性化方策についての研究に関する調査報告書」（研究代表加藤曜子、2015年3月31日）

針をめぐって意見が相違する場面が多くなった。双方が自らの組織の論理や都合を優先する姿勢に拘泥すると、その相違がさらに拡大する傾向が見られる。その調整をどう進めていくのかが大きな課題として存在している。

　市区町村が児童相談所に対応を委ねる事例が多い場合には、児童相談所の判断が優先される傾向があり、逆に市区町村の意向が十分に伝わらないことがある。これは、市区町村の体制が脆弱な場合に多く見られる傾向である。一方で、市区町村が対応力をつけていくに従って、児童相談所の判断に対して対等に議論をするようになるが、その過程では協調関係に軋轢が生じることもある。やがて両者が協働した対応を積み重ねていく中で、協調関係が構築され、相互信頼に基づく連携が実現してきている自治体も見られる。このように児童相談所との関係は、個々の市区町村の体制や歴史的経緯によって異なるものと思われる。

　同じ事例について、児童相談所と市区町村のどちらが主に対応していくかという事例対応区分についても、双方の意向が相違することが多い。時には押しつけ合いともいえる状況を呈する場合がある。また、他方が対応するものと判断して任せてしまい、その実どちらも関与していない状況が発生し、リスクが増大していることに気づかれないでいたという事例も見られる。

　第1章で述べたように、児童相談所に軽度の泣き声通告や警察からの心理的虐待通告が集まる一方で、市区町村には管内の保育所・学校等関係機関からの通告がもたらされ、事例対応区分と虐待重症度とがミスマッチになっていることが指摘される。

　市区町村と児童相談所との事例対応区分に関しては、厚生労働省の委員会等でも議論が継続されてきたが、未だに整理がなされているとはいえない。個々の自治体の状況に応じた協議を児童相談所との間で重ねながら[4]、各自治体で工夫を重ね、全体としてのシステムの整備につなげていかなければならない状況にある。

---

＊4　前出の家庭福祉課調べによると、2017年4月1日現在で、市区町村において児童相談所との役割分担の取り決めをしているものは24.4％にすぎない。

## (2) 庁内連携の仕組み

　市区町村内部の組織間連携協働に関しても課題がある。市区町村の各部署が持っている家族の情報が共有されないままに、リスクの高い家庭が支援の網からこぼれてしまい、重大な事態に至ってしまうことがある。とりわけ、居住実態が把握できない児童に関する情報が庁内で共有されずにいる場合がある。虐待重大事例を防ぐためにも、庁内の情報共有システムの構築が必要である。厚生労働省の通知では、市区町村の関係部署が居住実態を把握できない児童を発見した場合、市区町村の虐待対応部門に情報を集約して調査をすることを求めている[*5]。そのための対応方法を各自治体が具体的にシステム化する必要がある。

　また、近年では、子ども若者育成支援推進法に基づく「子ども・若者支援地域協議会」の設置も進められており、要保護児童対策地域協議会の構成機関とかなり重なるものとなっている。また、児童発達支援のためのネットワークや非行問題に関するサポートチームなど、関連する連携システムは多数存在する。こうしたネットワークとの重なり合いを意識しながら、それらを統合するようなネットワークを構築することも検討が必要であろう。

　以上のように、市区町村の組織内部での連携協働の仕組みづくりを検討することが現在の課題である。


## (3) アセスメントツールの活用

　関係機関が協働した支援を検討するうえで、共通の物差しを持って事例を検討することが有効である。そのことで互いの視点の相違をすり合わせることが可能となったり、家族に対する理解を共有することが可能となる。市区町村と児童相談所との間での事例検討においても、このアセスメントツールを共有することが求められている。

---

*5 「養育支援を特に必要とする家庭の把握及び支援について」（2012年11月30日厚生労働省雇用均等・児童家庭局 総務課長・母子保健課長通知）

加藤曜子氏らの調査によると[6]、市区町村のうちアセスメントシートを利用している自治体は約40％だった。具体的には都道府県のマニュアルに提示されているアセスメントシートが最も多く、次に厚生労働省の『子ども虐待対応の手引き』に掲載されている一時保護決定に向けてのアセスメントシートが多かった。これらのうち、児童相談所と共通のアセスメントシートを利用している自治体は約26％であった。さらに、共通アセスメントシートを持っている場合の研修の実施は38.5％であった。このように共通アセスメントシートの活用はまだ少ない。

厚生労働省は共通リスクアセスメントシートを作成して示しているが、利用しにくい点が指摘されている。在宅支援に関しては、厚生労働省の研究事業をもとに、在宅支援のためのアセスメント・プランニングシートが開発されている[7]。都道府県によっては独自の共通アセスメントツールを開発して使用している場合もあり、これらの活用推進を図ることが必要である。

### （4）終結の基準

市区町村の事例対応に関しては終結の難しさが指摘されている。終結がなかなかできないことで、市区町村の対応事例数が増大するという結果が生じている。一定の段階で事例を終結することも必要となっている。

この終結基準をどうするかが判然としていない。第2部のヒアリングの中では、こうした終結方法の工夫について情報を得ているので、参考にしていただきたい。

---

[6]　平成29年度子ども・子育て支援推進調査研究事業（厚生労働省）『児童相談所と市町村の共通アセスメントツール作成に関する調査研究』（研究代表者加藤曜子、2018年3月）

[7]　前出の加藤曜子氏らの調査研究において、「在宅支援共通アセスメント・プランニングシート」が示されている。https://www.umds.ac.jp/wp-content/themes/umds/files/social/childcaresupport-manual.pdfを参照。

## 3……要保護児童対策地域協議会の運営はどうなっているか

### （1）実務者会議の内容と進行管理のあり方

　実務者会議については、その協議内容をどのように設定するかに悩みを抱えている自治体が多い。大きく分けると研修中心に開催している自治体と、進行管理を中心に開催している自治体とがある。研修と進行管理とをミックスした形で運営している自治体もある。

　研修については、管内関係機関の職員を集めた多人数で開催するところや、グループワークでの事例検討を実施する自治体も見られる。進行管理に関しては、台帳に掲載されている事例数が増大し、その多さから実効性のある協議が行えていないという指摘もされている。ただ、台帳自体についても、自治体内のすべての要保護・要支援・特定妊婦事例を網羅していない場合があり、特に児童相談所の事例を掲載できていない自治体も見られる。進行管理の実効性を高めるための工夫の例としては、限定した機関のみによる会議の場で、ケース管理を行おうとしている自治体もある。

　実務者会議の運営方法は様々な形態に分かれてきており、その実例を第2部のヒアリング報告の中で紹介する。同一自治体の中で、複数の小エリアや部会に分けて会議を開催する自治体や、参加機関限定の進行管理と全体会での進行管理を組み合わせたり、進行管理会議と研修の場とに会議を分けるなど、実務者会議自体をさらに複数に分割して開催している自治体も多く見られる。様々な工夫がなされてきており、これらの情報を交流して、それぞれの自治体に合った会議運営方法を創り出していくことが求められている。

### （2）個別ケース検討会議の運営

　多機関の協働により個々の事例を支援するうえで欠かせないのが、個別ケース検討会議である。支援者同士の顔が見える関係性の中で情報共有を図り、効果的な支援の手立てを考え出して実践に移す、まさにチームワーク構築の場である。

　しかし現状では、各機関の情報を出し合うだけに終わってしまう会議が多

いことが指摘され、ここでも実効性のある検討がなされているのかどうかが問われている。時間内に要領よく話し合いをまとめていくためには、市区町村調整担当者のファシリテーター力が要になる。また、児童相談所が的確にスーパーバイズできることも必要である。

　集められた情報を基に、関係機関によってアセスメントが適切に行われているのか、参加している各機関が人任せではなく積極的な姿勢で臨んでいるのかなどを振り返る必要があり、そのための多機関での練習の機会も必要であろう。

　前述のアセスメントツールの活用を含めて、意義のある個別ケース検討会議となるような努力が求められている。


## (3) 調整担当者の専門性

　厚生労働省家庭福祉課調べ（2018年2月現在）[8]では、全国の調整担当者の資格は、児童福祉司と同様の資格を有する者が23.6%であり、一定の資格を有する者を含めると66.9%であった。本章1-(1)で紹介した虐待対応担当窓口職員とほぼ同様の傾向である。また、正規職員が71.3%、非正規職員が28.7%であり、虐待対応担当窓口職員よりも若干であるが正規の比率が高い。さらに、専任・兼任の別では、専任が35.4%と虐待対応担当窓口職員よりも比率が低い。兼任の場合、家庭児童相談室との兼任が29.6%あった。

　調整担当者が事例の対応もしつつコーディネート役割も果たすことには困難が伴うであろう。専任である場合も、調整担当者は事務職の正規職員が短期で異動し、相談対応は非正規職員の専門職が担っているという自治体が散見され、ネットワーク運営の充実を図るうえでの懸念がある。

　本来は、長期の相談対応経験を有する正規職員が、調整担当者となってネットワークの活性化を図ることが必要であろう。

---

[8]　厚生労働省『市町村（虐待対応担当窓口等）の状況調査（平成29年度調査）　2. 要保護児童対策地域協議会の設置運営状況調査結果の概要』（厚生労働省子ども家庭局家庭福祉課虐待防止対策推進室調べ）

### (4) 要保護児童対策地域協議会運営上の課題

前出の家庭福祉課調べの中から、要保護児童対策地域協議会運営の課題について、回答の傾向を図3で見てみよう。

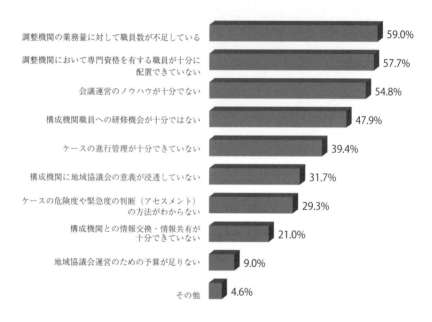

**図3 要保護児童対策地域協議会の運営上の課題（2017年4月1日現在）**
（厚生労働省子ども家庭局家庭福祉課虐待防止対策推進室調べ（平成29年度調査）
「要保護児童対策地域協議会の設置運営状況調査結果の概要」から筆者作成）

　職員の不足、専門職員の配置不足、会議運営のノウハウの不足、研修機会の不足、ケース管理の不十分さ、関係機関の理解不足など、まさに多様な課題が示されているといえる。こうした様々な課題に対して、個々の市区町村が検討を繰り返し、要保護児童対策地域協議会が実効性を持って運営されるように努めることが求められている。

## 4……子どもの虹情報研修センターによるヒアリングの問題意識

　以上に述べてきたような様々な課題を市区町村が抱えている中で、その改善のための努力も継続されてきている。そして市区町村の中には、創意工夫を重ねて特徴的な取り組みや組織運営を実現している自治体がある。そうした情報はなかなか共有されることがないが、その周知を通じて他の自治体の参考とすることで、全体としての取り組みの進展を期待することができよう。

　そこで子どもの虹情報研修センターでは、3年間をかけて24の市区町村を訪問し、ヒアリング調査を実施して報告書にまとめている。第2部ではその一部を紹介するのだが、ここではヒアリング調査における調査項目を紹介して、第2部へのつなぎとしたい。

　ヒアリングは2時間程度の半構造化面接を行い、研究班[*9]から2名が訪問して実施した。事前に自治体情報を得るためのアンケートを行い、各自治体の事業概要やマニュアル等の事前送付を依頼した。

　ヒアリングの冒頭には、各自治体から以下の点の説明を受けた。

　　①子育て家庭を取り巻く地域の特徴や課題
　　②当該自治体の取り組みの経緯
　　③当該自治体が工夫してこられた取り組み
　　④現在課題となっている点

　そのうえで、以下の各項目を中心に質問を行った。

　　①自治体の地域的特性について
　　（具体例として）地勢や主産業、地域の経済状況や生活保護率などの社会的指標
　　②児童相談部門の体制について（その経緯を含む）
　　（具体例として）
　　　・職員配置、専門職の配置、常勤非常勤の別、長期継続勤務の状況、人事異動の周期、スタッフの役割分担など

---

　＊9　加藤曜子氏（流通科学大学）、安部計彦氏（西南学院大学）、川﨑二三彦氏、小出太美夫氏、川松亮（以上、子どもの虹情報研修センター、当時）で構成された。

・職員研修のあり方

・児童相談所との人事交流や児童相談所派遣研修の有無

・庁内他部門との連携状況

・児相との役割分担についての取り決めの有無

③相談件数・内容の特徴について

（具体例として）

・相談対応件数・種別や虐待対応件数・種別の特徴

・相談経路の特徴

・児相への送致や援助要請の状況

・児相と重なっているケース数はどのくらいあるか

・児相との関係性

④協議会の運営状況について（その経緯を含む）

（具体例として）

・会議の種類、開催頻度、参加機関の特徴など

・会議をエリア化していたり部会制にしている場合の運営状況。またその長所と短所として考えられること

・進行管理方法。その会議の種類、開催頻度、参加機関、台帳に取り上げるケース数、取り上げるケースの選定基準など

・アセスメントツールの有無。児相との共有アセスメントシートの有無

・ケース終結の基準

・外部からのスーパーバイズを受ける仕組みの有無

・協議会における研修の実施状況

・協議会を運営する上で工夫している点

・機関連携を効果的にする上で工夫している点

・協議会を運営する上で苦労している点、課題

⑤力を入れている子育て支援策（その経緯を含む）

　必ずしもすべてを聴き取れたわけではないが、各自治体の取り組みからは有益な視点が多く得られた。それらを第2部で紹介し、そこから得られる考察と今後に向けた提言について第3部で触れたい。

第2部
# 先進自治体の取り組み事例

# 掲載自治体の紹介とヒアリング実施日

| 自治体名 | 長野県<br>池田町 | 大阪府<br>熊取町 | 大阪府<br>泉南市 | 大阪市<br>西成区 |
|---|---|---|---|---|
| ヒアリング日 | 2015.1.8 | 2015.1.19 | 2014.12.11 | 2016.10.19 |
| ヒアリング<br>担当者 | 川﨑二三彦<br>川松亮 | 加藤曜子<br>川﨑二三彦 | 安部計彦<br>川﨑二三彦 | 川﨑二三彦<br>川松亮 |
| 人口 | 10,399人<br>(2014.3.1現在) | 44,284人<br>(2015.3.1現在) | 64,278人<br>(2014.3.31現在) | 110,925人<br>(2016.10.1現在) |
| 児童人口 | 1,408人<br>(同上) | 6,381人<br>(ヒアリング<br>調査時点) | 11,835人<br>(ヒアリング<br>調査時点) | 11,956人<br>(2014.10.1<br>現在) |
| 保育所数・認<br>定子ども園数<br>(ヒアリング<br>調査時点) | 2 | 8 | 7 | 19 |
| 小学校数<br>(同上) | 2 | 5 | 10 | 11 |
| 中学校数<br>(同上) | 1 | 4 | 4 | 6 |

| 千葉県<br>八千代市 | 東京都<br>新宿区 | 愛知県<br>豊橋市 | 東京都<br>町田市 | 大分県<br>大分市 |
| --- | --- | --- | --- | --- |
| 2014.12.18 | 2015.6.8 | 2015.6.11 | 2015.7.30 | 2015.7.31 |
| 安部計彦<br>川松亮 | 加藤曜子<br>小出太美夫 | 川松亮<br>小出太美夫 | 川﨑二三彦<br>小出太美夫 | 安部計彦<br>川﨑二三彦 |
| 193,861人<br>(2014.9.1現在) | 328,787人<br>(2015.4.1現在) | 377,962人<br>(2015.4.1現在) | 426,648人<br>(2015.4.1現在) | 477,853人<br>(2015.3.31現在) |
| 33,829人<br>(同上) | 33,240人<br>(同上) | 65,491人<br>(同上) | 69,765人<br>(同上) | 82,441人<br>(同上) |
| 24 | 46 | 57 | 102 | 85 |
| 22 | 30 | 52 | 44 | 58<br>(2014.4.1現在) |
| 13 | 16 | 23 | 24 | 27<br>(2014.4.1現在) |

# 1.
# 長野県池田町の取り組み

──小規模自治体における充実した支援体制の構築

川松 亮

## 1……池田町の概要

### a）池田町の地勢

池田町は長野県の北部、北安曇郡の南部に位置し、北アルプスの景観を望む景勝の地である（図1）。高瀬川沿いの平地と山間部とからなり、人口の大半が平坦地域に集中している。1914年に町制が敷かれ、1957年に現在の町域となった。

気候は内陸性気候であり、雨は少ないものの、夏と冬、昼と夜との気温差が大きいのが特徴である。冬の寒さは厳しいが、降雪量は多くない。

### b）人口構成

2014年4月1日現在の人口は、1万399人である。人口規模に大きな変化はないが、2004年度の1万837人からみて若干の減少傾向にある。男性が4980人、女性が5419人である。

18歳未満の児童人口は、2013年度末に1408人であり、2004年度末の1643人から

**図1　長野県池田町の位置**

52　第2部　先進自治体の取り組み事例

減少傾向が続いている。15 ～ 64歳の生産年齢人口についても、2004年度の6615人から2013年度の5756人まで減少している。

　一方で、65歳以上の高齢者人口は一貫して増加しており、2014年4月1日現在の高齢化率は34.4％となっている。

　出生数について見ると2013年度は61人である。2007年度まで60 ～ 70人台で推移していたが、2008年度以降は50 ～ 60人台に減少している。

　2013年度末の世帯数は3933世帯である。世帯数は増加してきているが、18歳以下の子どもがいる世帯数は一貫して減少している。核家族世帯の割合は、2000年度の55.0％から2010年度の57.2％へと増加している。現在では若者定住促進住宅の設置をしたり、古い家に若い人が移住してきて出産するという事例も出てきているのが新しい動きである（以上、池田町ホームページの統計情報及び「池田町の保健・福祉・医療の動向～平成25年版～」から）。

## c）産業や経済状況

　明治時代初期から生糸の生産が行われ、養蚕・製糸の町として栄えた。戦後は、電気、機械の工業が発展した。米どころとして稲作中心の農業も行われてきた。

　現在は製糸業は行われておらず、それにかわって、ワイン用のブドウ生産や、「花とハーブの里」として付加価値の高い花やハーブの生産が行われるようになった。専業農家は少ない。共働きが多い地域であり、女性の就業率は高い。

　産業別の就業者割合を見ると、第1次産業が9.2％、第2次産業が30.4％、第3次産業が60.2％（2010年国勢調査より）となっている。

　母親の働き方はパート就労が33％、フルタイム就労が26％で、合計すると約60％が就労している。一方、父親はほぼ100％就労しているが、帰宅時間は夜8時以降が約40％となっている（2013年11月池田町福祉課によるニーズ調査より。調査対象は就学前児童の保護者）。

## d）家族の社会的指標

　2014年4月1日現在の生活保護被保護者の保護率は4.6‰（1000人あたり4.6

人）とかなり低い（2014年度の全国の被保護者の保護率は17.0‰である）。2014年4月1日現在のひとり親家庭の児童扶養手当受給世帯は全世帯に対して1.7％となっている（「池田町の保健・福祉・医療の動向〜平成25年度版〜」から筆者計算）。

## 2……池田町の子ども家庭相談の仕組み

### a）総合福祉センターの設置

　町の福祉保健関係機関が「やすらぎの郷」と命名された総合福祉センターに集められ、まさに一堂に会して連携した保健福祉サービスを提供している。同センターには福祉課の福祉係、地域包括支援センター、保健係、健康づくり係、こども支援センター、福祉企業センター（授産所）が集まっており、福祉の拠点として整備されている。また、同センター内には社会福祉協議会も入っており、町の行政と連携した取り組みを行っている（図2）。さらには、デイサービスセンター、訪問看護ステーション、訪問介護事業所も入っており、入浴施設と会議室は町民が自由に利用できるようになっている。

　実際に訪問した感想では、エントランスは親しみやすく、誰でも気兼ねなく利用できる雰囲気であった。エントランスを回ると事務部門のスペースがあり、各係の職員が執務にあたっていた。福祉保健関係の用件が1か所で済ませられることが印象的だった。まさにワンストップの相談支援センターと

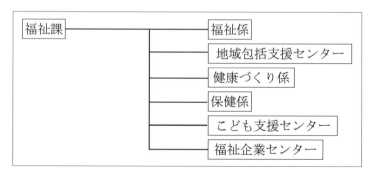

図2　池田町福祉行政の組織図

なっている。センターは行政手続きの場であるとともに、作業所やデイサービスなど住民にとっての通いの場でもあり、それが共存しているのが印象的であった。

### b）池田町こども支援センター

上記の総合福祉センター内に、こども支援センターが置かれている。同センターは児童虐待相談の窓口ともなっている。職員は、常勤3名、非常勤6名の9人体制であり、常勤職員は保健師と保育士で構成され、非常勤として、臨床心理士、カウンセラー、理学療法士、作業療法士、言語聴覚士を配置している。町の規模から考えると、職員配置数が比較的多く、また専門的な職員が多く配置されているといえよう。

常勤の3名のうちの1名がこども支援センター長で、保健師が配属されている。センター長は統括業務と困難事例対応、そしてDV対応を行っている。他の2名は支援員であり、保育士が配属されている。うち1名が要保護児童対策地域協議会業務の主担当となっている。センター長と支援員のうちの1名は、2004年のセンターの設置以来継続して勤務している。また非常勤の専門相談員の勤続年数も、それぞれ4〜5年、7〜8年となっており、長い期間継続して勤務できていることが、町の相談体制の維持につながっていると思われる。

こども支援センターの事業は、集いの広場、相談、児童虐待予防、発達障がい児への支援があげられる。集いの広場は月曜から金曜までの8時半から17時半まで開設されている。相談は月曜から金曜までの9時から17時まで、電話や面接で実施されている。発達障がいを持つ子どもと親への支援については、療育・相談・学習会が行われている。

こども支援センターに配属されている理学療法士や作業療法士は、子どもの体のことがわかるため、体を動かす取り組みに導入するなどして乳児期へのかかわりがしやすくなったとのことだった。

## c）池田町の子育て支援の歴史

### ア．2000年度：長野県内8ブロックで児童虐待防止ネットワーク連絡協議会を設置

　当時の池田町長が北安曇郡社会福祉協議会長として参加した。保育課長も出席しており、町長と保育課長が虐待の研修を受けることで、虐待防止に力を入れていかなければならないと認識したところが1つのスタートになっている。

### イ．2001年度：池田町のネットワーク立ち上げ準備会を組織

　福祉課、保育課、教育委員会、社会福祉協議会がメンバーとして参加し、ネットワークの設置要綱を検討した。

　ヒアリングをしたこども支援センター長はネットワークの立ち上げ準備会からかかわっている保健師であり、当時の状況について次のように述べた。「当時、乳幼児健診で親の困り感が増大していると感じた。子どもへの話しかけ方、離乳食の作り方、どういう段階で医者に行ったらよいのかなどがわからないようだった。三世代同居が少ないことが背景にあると思われた。子どもとのかかわりもぎこちないと感じられた。また、発達障がいに近いような感じで育てづらさがあったが、どのようにかかわったらよいかわからないようだった。その当時にヘネシー澄子さんの講習などで愛着障がいについても学ぶことがあり、予防していくことの重要性を肌で感じた。そして子育て支援と児童虐待防止をネットワーク化する必要があるという話になっていった」

### ウ．2002年度：子育て支援連絡協議会を設置

　子育て支援と児童虐待防止のネットワークの一本化。17機関33名が参加。年2回の協議会で情報交換と研修会を実施。また小委員会を開催して、児童相談所も入った事例検討をした。

### エ．2003年度：学校活性化委員会を設置

　教育委員会が、不登校やいじめ対策、週休2日制対応などのために設置し、福祉部門からも加入を求められ、連携が始まる。

## オ．2004年度：こども支援センターを設置

　福祉課にセンター長1名を配置。このセンター長には、ネットワークの立ち上げ準備会当時に保育課長をしていた方が就任した。また、0〜12歳の子どものいる家庭を対象にアンケート調査をして、それをもとに次世代育成支援計画を作成。

## カ．2005年度：こども支援センターの充実及び
### 「子ども支援ネットワーク連絡協議会」への改編

　総合福祉センター内にこども支援センター室を設置し、スタッフ5名を配置（こども支援センター長、子ども支援係長、子ども支援員、専門相談員（カウンセラー）、事務の5名）。今回ヒアリングをした職員の方はこのときから配属されている方たちだった。

　子育て支援は先行投資であると位置づけて予算を振り向け、相談活動と児童虐待防止に取り組むとともに、愛着障がい予防にも力を入れた。

　また、子育て支援、児童虐待防止、要保護児童対策のネットワークを一本化して、要保護児童対策地域協議会を兼ねる形に改編し、「子ども支援ネットワーク連絡協議会」を設置した。20機関37名が参加。さらに、協議会に5つの専門部会を設置した。具体的には、児童虐待（DV）防止部会、不登校部会、健康（食育・肥満）部会、療育部会、思春期部会の5つである。協議会では予防に力を入れ、妊娠期から18歳までの一貫した支援を構築しようとした。事務局をこども支援センターが担うことになった。

## d）妊娠期からの支援

　妊娠期からの支援のために、「母子保健・こども支援管理体系（こども健康プログラム）」が整備されている（図3、図4参照）。支援の流れは、こども支援センター、保健部門、社会福祉協議会の三者で検討して構築したとのこと。

　特徴としては、まず妊娠届時にアンケートを実施して、そのニーズに応じた支援をしている点である。そのアンケート結果からマタニティ相談につな

げて、こども支援センターのカウンセラーがアンケート記録をもとに対応している。さらに「ハローベビークラス」を社会福祉協議会の育児支援事業として委託し、社会福祉協議会の助産師が対応している。

次に特筆すべきは、入院中に保護者から電話連絡をしてもらうことである。妊娠届時に「パパママカード」を配布しており、出産した際の連絡を促している。その連絡があったときに保護者の困っていることを聞く。そして全ケースに計画書を作成して、その後の「こんにちは赤ちゃん事業」や、さらには社会福祉協議会の育児支援事業につなげている。この電話連絡は父親からも多く入るとのことであり、ほぼ全事例で連絡があるとのことだった。情報を記載したカルテは、保護者の同意のうえで、庁内、社会福祉協議会と共有するようになっているが、同意が得られないことはないと述べられた。

さらに、池田町独自の取り組みとして、「ようこそ赤ちゃんボランティア事業」があげられる。これはボランティア手作りのおもちゃに子どもの名前を入れて、それを民生・児童委員が自宅に届けるという取り組みである。ボランティアは地域で募集している。届ける際には、子育て情報等を記載したパンフレット類もあわせて持参するとのことであった。この他にも、社会福祉協議会の助産師とボランティアによる赤ちゃんマッサージも実施されている。

乳幼児健診の機会も豊富に用意されているだけでなく、健診にはこども支援センター職員も入って相談に応じている。困りごとがある場合には、社会福祉協議会の養育支援訪問事業につなげている。その計画書はこども支援センターが作成している。

ヒアリングでの話によると、母親が発した言葉には必ず専門相談を提供するように心がけているとのことだった。様子を見ることにするのではなく、専門家が関与できる体制を整えている。またこの専門家については、保健師だけで対応するのではなく、作業療法士、理学療法士、言語聴覚士などの専門家も雇用していることが特筆すべき点である。

なお、池田町では、未就園児健診を実施している。未就園児は行政の把握からこぼれることが多く、特に4、5歳の時期は健診もないために把握が難しい。その点について池田町では意識的に働きかけをしていることがわかっ

**58**　第2部　先進自治体の取り組み事例

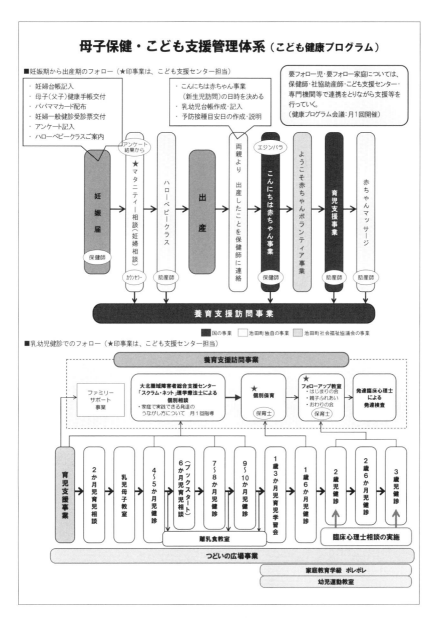

図3 池田町母子保健・こども支援管理体系
（「池田町の保健・福祉・医療の動向～平成25年度版～」から、一部修正）

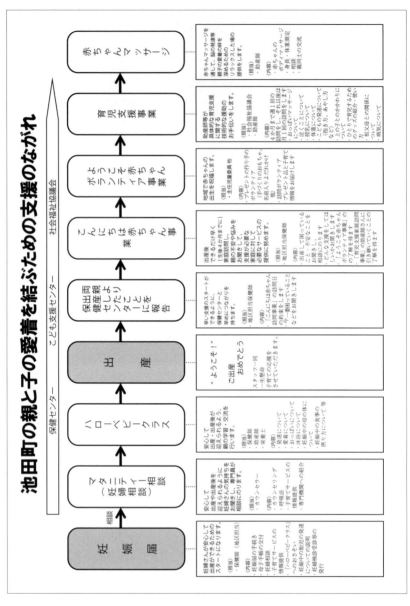

**図4 池田町妊娠期からの支援のながれ**
(池田町ホームページから、一部修正)

た。未就園児については、その誕生月に呼ぶとのことであった。

　また、健診未受診家庭については、何度も連絡を取ってかかわっているとのことだった。

#### e）関係機関との連携

#### ア．学校との関係

　こども支援センターは学校との連携強化に努めている。具体的には、毎年4月1日か2日には学校を訪問し、校長と教頭に対して、要保護児童対策地域協議会の法的位置づけや学校の役割について説明している。学校から通告をもらった場合には、緊急保護が必要な場合を除き、児童相談所がすぐに介入することはないことも伝えているとのことだった。

#### イ．住民課との連携

　子どものいる家庭の転入があった際には、住民課からこども支援センターにただちに連絡が入る。転入者は住民課に行ったあとでこども支援センター窓口に回ることになっており、住民課からその旨連絡がある。もしこども支援センターに来ない場合は、センター側から連絡するとのことだった。

#### f）虐待対応マニュアルの整備

　「池田町虐待防止・虐待対応マニュアル」（2014年7月作成）では、まず虐待防止プログラムとして、図3と同様の図が示されている。そして次に、「通告の受理と初期対応について」「個別検討ケース会議について」「進行管理について」の項目が置かれ、それらに対応して12種類の書式が示されている。多くの書式が整備され活用されていることがわかる。

## 3……池田町の子ども虐待対応の状況

### a) 虐待対応件数について

#### ア. 虐待種別対応件数

表1　虐待種別対応件数

| | 身体的虐待 | 性的虐待 | 心理的虐待 | ネグレクト | 計 |
|---|---|---|---|---|---|
| 2012年度 | 5 | 0 | 10 | 0 | 15 |
| 2013年度 | 5 | 1 | 6 | 0 | 12 |

#### イ. 虐待相談の経路

表2　虐待相談の経路

| | 児童相談所 | 保育所 | 学校 | 家庭裁判所 | 虐待者本人 | 家族・親族 | 近隣・知人 | その他 | 計 |
|---|---|---|---|---|---|---|---|---|---|
| 2012年度 | 4 | | 3 | | | 8 | | | 15 |
| 2013年度 | | 1 | 2 | 1 | 2 | 3 | 2 | 1 | 12 |

　以上は、ヒアリングの事前アンケートへの池田町からの回答数である。表1、表2に見るように、虐待種別では身体的虐待と心理的虐待の2つが多く、2つの中では心理的虐待の方が多くなっている。相談経路は年度によって傾向が異なるが、両年とも家族・親族が多くなっている。

### b) 支援の実績

　以下の表3、表4からわかることは、虐待対応件数に比べて、要保護・要支援として地域で子育て支援を実施しているケース数の多さである。

　とりわけ、養育支援家庭訪問事業とファミリーサポートセンター事業の実施数の多さが目を引く。養育支援家庭訪問事業では特定妊婦も対象としているとのことであり、訪問は社会福祉協議会の3名の助産師が行っているとのことだった。

**62**　　第2部　先進自治体の取り組み事例

表3　池田町の要保護・要支援児童数

| | 2009年度 | 2010年度 | 2011年度 | 2012年度 | 2013年度 |
|---|---|---|---|---|---|
| 要保護家庭 | 8家庭11名 | 9家庭15名 | 35家庭35名 | 44家庭56名 | 47家庭63名 |
| 要支援家庭 | 6家庭20名 | 5家庭7名 | 6家庭6名 | 8家庭9名 | 4家庭4名 |
| ぐはん | 0名 | 0名 | 0名 | 6名 | 3名 |
| DV | 2名 | 3名 | 5名 | 8名 | 3名 |

（「池田町の保健・福祉・医療の動向～平成25年度版～」から）

表4　池田町の子育て支援実績

| 事業内容 | | 実施内容 | 2009年度 | 2010年度 | 2011年度 | 2012年度 | 2013年度 |
|---|---|---|---|---|---|---|---|
| 育児支援事業 | 訪問 | こんにちは赤ちゃん訪問事業（保健センター保健師）を受けて、社協助産師が、産後母の不安（授乳、子どもの体重など）等に丁寧に対応する目的で行った。 | 実数149名 延1,043名 | 実数140名 延1,461名 | 実数80件 延562件 | 実数94名 延513名 | 実数88名 延458名 |
| | ハローベビークラス | | Ⅰ・Ⅱ課 8回 単独講座1 2回 延40名 | 10回 延35名 | Ⅰ・Ⅱ課、単独講座各4回 計12回 延39名 | 11回 25名 | 4回 13名 （うち夫4名） |
| | 赤ちゃんマッサージ | | 24回 実数60名 延287名 | 21回 実数67名 延267名 | 24回 実数63名 延303名 | 24回 実数53組 延275組 | 24回 実数61組 延197組 |
| | 乳児母子教室 | | | 実数51名 延193名 | 48回 延171名 | 実数59名 延197名 | 実数62名 延204名 |
| 養育支援家庭訪問事業 | | | | | 実数57名 延403件 | 実数41名 延346件 | 実数53名 延530名 |
| ファミリーサポートセンター事業 | | 放課後等の子どもの預かりや保育園までの送迎等の援助を行いたい者と援助を受けたい者からなる会員組織をつくり、会員同士が必要な時に利用をした。 | 実数22件 延200件 | 実数30件 延815件 | 実数31件 延1,093件 | 実数28件 延1,298件 | 実数21件 延1,062件 |
| ようこそ赤ちゃんボランティア事業訪問 | | ボランティアさんが手づくりおもちゃ等を作成し、民生委員さんが届けた。 | 48名 | 60名 | 55名 | 67名 | 62名 |

（「池田町の保健・福祉・医療の動向～平成25年版～」から、一部修正）

# 4……池田町のネットワークの仕組み

## a) 要保護児童対策地域協議会の会議について

　「子育て支援ネットワーク連絡協議会」と名づけられた池田町の要保護児童対策地域協議会の経緯は先に述べたとおりである。本協議会において町長

表5　要保護児童対策地域協議会の会議回数

| 会議名 | 回数 |
| --- | --- |
| 代表者会議 | 年2回 |
| 実務者会議（妊婦～就園前の児童） | 年12回 |
| 実務者会議（就園以降の児童） | 年3回 |
| 個別ケース検討会議 | 随時 |
| 専門委員会（思春期・健康づくり・不登校・療育・児童虐待防止） | 随時 |

が協議会長となっていることは、自治体首長の認識を高め、町の積極的な関与を導き出せる点で有効と思われる。

　会議の種類と開催頻度は表5のようになっている。実務者会議については、未就園児童と就園以降の児童とを分け、未就園児童について毎月協議することとされている。未就園児童に対して丁寧な対応がされている点に注目したい。なお、協議会の実務は常勤の支援員のうちの1人が担っているとのことだった。


### b）会議運営上の工夫

　要保護児童対策地域協議会の会議運営のうえで工夫している点を尋ねたところ、通告をもらってからどういう流れで対応するのかを文書で示して関係機関に説明しているとのことであった。

　関係機関にとってみれば、通告した後でどういう対応がなされるのかが見えず、そのことが不安材料となって通告に至らない場合もありうると思われるため、こうした取り組みは有効なものと考える。


### c）進行管理台帳

　進行管理台帳は、要保護、要支援、特定妊婦を一緒にあげている。また次のようにランク付けをしており、ランクは実務者会議の際に見直しをしている。

A：1週間から2週間に1回以上、児童および保護者に面接が必要

B：月に1回以上、児童および保護者と面接が必要

C：3か月に1回以上、児童および保護者と面接が必要

D：上記以外

## d）アセスメントシートの活用

「池田町虐待防止・虐待対応マニュアル」にはいくつかのアセスメントシートが掲載されている。この中でも在宅支援アセスメントシートの有効性をヒアリングでは強調されていた。

また、アセスメントシートを児童相談所と共有して活用することで、児童相談所の判断はどうなのかがわかり、その認識を知ることができて有効であると語られた。例えば一時保護の判断についても、これまでは児相の決定に納得がいかないことがあったが、アセスメントシートを共有することで、児相の判断を理解できるようになったと述べられた。

アセスメントについては、こども支援センターとしても学習の機会を持っており、他機関職員とも共同の学習会を開催しているとのことだった。

## e）児童相談所との役割分担

児童相談所は緊急保護が必要な場合の関与に限定し、緊急介入以外の事例では町が主体となって対応しているとのことであった。一方で、入りづらい家庭には児童相談所か警察が対応していると述べられた。また、児童相談所との関係を拒んでいる家庭に対して、町が働きかけている事例もあると述べられた。

毎月の実務者会議の前には児童相談所のケースについて状況を聞いている。その中で、児童相談所がケースを終結する場合にはその理由を聞き、町が支援機関になるかどうかを確認することで、支援が本当に必要なくなったのかどうかを確認しているとのことだった。

個別事例での児童相談所との情報共有は個別ケース検討会議を中心に行っている。また、要保護児童対策地域協議会進行管理台帳には児童相談所ケー

スを含んで情報を共有している。児童相談所に通告があった場合は、町に確認が来るとのことだった。

## f) 要支援児童や特定妊婦への対応

特定妊婦については、若年妊娠や精神的な疾患、あるいは経済力や能力的な問題に着目して登録して対応しているとのこと。既述のように母子保健部門と連携した対応に努めており、社会福祉協議会とも連携して支援している。

## g) 支援の終結

支援の終結は実務者会議において検討して決定しているとのことだった。

## h) 池田町の子育ての問題状況とかかわりの工夫

以下はヒアリングの中で話された子育て家庭の問題状況である。
・養育の改善が図れない事例に、保護者の養育能力が低い場合がある。このような保護者をどう支援するかが課題。
・転入者に問題を抱えた事例がある。しかし転入児童の場合には、以前居住した自治体で受けてきたサービスを把握できないという問題がある。

このような中で、池田町こども支援センターでは、まずは家庭にとって便利な存在になることで、家庭に入っていくように努めている。また、保育園や学校などどこにでも足を運ぶようにしている。そうすることで、子どもや保護者に会うという目的が自然に達成されることも多く、そうした機会をとらえて「最近はどう？」と聞けるような関係づくりに努めていると述べられた。

また、子育て支援策としては、町としてペアレントトレーニングを実施している。具体的にはコモンセンス・ペアレンティングを実施しているとのことだった。

## i) 職員の研修

池田町では、職員育成に尽力してきたことが現在の水準維持につながって

いると考えられる。

アセスメントについては、加藤曜子氏や、滋賀県で実践している久保宏子氏を招いた研修を実施してきている。また、ヘネシー澄子氏を招いた子どもの愛着に関する勉強会を他機関職員と合同で実施していることも特筆される。他機関職員と一緒に学習することで共通認識が育成できていると評価できるとのこと。

池田町では要保護児童対策地域協議会全体での研修に意識的に取り組んでいるが、その際にはグループに分かれて事例を検討することも大切にしている。研修テーマとしては、現時点で町が抱えている課題は何かということを考え、それに合った講師を招き、要保護児童対策地域協議会のみんなで学ぶようにしている。課題の抽出については、代表者会議で小グループ討議を取り入れて課題を出してもらい、それをもとにこども支援センターが研修を計画するという取り組みが印象的であった。

## 5……池田町の取り組みの特徴と課題

### a）池田町の取り組みの特徴

池田町の取り組みの特徴をあげると以下の点が考えられる。

### ア．ワンストップの相談場所の設置

総合福祉センターに保健福祉関係の部署を集め、その中にこども支援センターが設置されている。総合福祉センターには社会福祉協議会も入っており、ここに来ればあらゆる相談につながることが可能である。まさにワンストップの相談場所となっているといえよう。

### イ．妊娠期からの一貫した相談支援

母子保健部門、こども支援センター、社会福祉協議会の三者が連携して、妊娠期からの相談支援の機会を多様に用意している。乳幼児健診の回数も多く、丁寧な支援のかかわりとともに、充実した体制を構築できていると評価

1．長野県池田町の取り組み　**67**

できる。

## ウ．社会福祉協議会と連携した取り組み

　同じ福祉総合センターに入っている社会福祉協議会とは、日常的に情報交換や協議ができる環境にある。また相談者にとっては同じ場所で用件を済ませることができる利便性があるとともに、実際の支援にもつながりやすい利点がある。

　社会福祉協議会との役割分担はユニークであり、池田町の子育て支援ネットワーク連絡協議会の広報を社会福祉協議会が担っている。協議会が町のシステムをよく理解してともに実践していることがわかる。

　具体的なサービスについても、ハローベビークラス、ようこそ赤ちゃんボランティア事業、養育支援家庭訪問事業を社会福祉協議会に委託している。協議会に3名の助産師が配置されて訪問していることも注目される。

## エ．「子ども支援ネットワーク連絡協議会」の取り組み

　国が要保護児童対策地域協議会を法定する前からネットワークの構築に取り組んでいる。また、ネットワークにおいて共同で研修をすることにより認識を共有するように努めたり、代表者会議での小グループ討議の導入や、就園前児童に関する実務者会議を月1回ペースで実施する取り組みなど、様々な工夫を凝らしていることが特筆される。

## オ．アセスメントシートの活用

　池田町では多様なアセスメントシートを用意している。またアセスメントシートを児童相談所との間で共有して活用している。そのことによって、双方の考え方を互いに認識することができており、共通認識を得るうえで効果的と評価されている。また、アセスメントシートの活用についての研修を他機関参加で行い、要保護児童対策地域協議会代表者会議でも研修を実施したということであり、効果的な活用につなげる努力をされていることが評価される。

**68**　　第2部　先進自治体の取り組み事例

## b）取り組みが進んできた理由や背景

　以上のような取り組みが池田町で可能となった理由や背景としては、以下の点が考えられる。

### ア．長野県旧大北圏域における保健活動の伝統

　池田町を含む長野県の旧大北圏域は、もともと保健活動が活発な地域であったという。愛育班活動を中心とした保健活動が伝統的に取り組まれていたことが基盤となったと考えられる。この点は、妊娠期からの支援の細かさやかかわりの丁寧さとなって表れていると感じた。

### イ．町長の位置づけ

　池田町の要保護児童対策地域協議会である池田町子育て支援ネットワーク連絡協議会の会長に町長が就任している。町長自らが会長として関与することで、町独自での取り組みの必要性が伝わりやすく、町として積極的に施策を展開していくうえで大変効果的であるといえよう。

### ウ．職員の長期勤続

　ヒアリングをした職員は、いずれもこども支援センターの立ち上げからかかわってきた方であった。こども支援センターで中核になっている職員が異動せずに長期に勤続できていることも、町の取り組みの水準を維持し、さらに発展させるうえで、大変効果的なものとなっているといえよう。地域において顔が見えるネットワークを継続できる点でも効果的であるといえよう。

### エ．研修の充実

　池田町では職員の研修を重視していることが特筆される。講師を招いた研修を取り入れ、また他機関の職員が合同で研修することを重視することで、取り組みの強化を図ってきていることがわかる。また、関係機関職員に対して、通告する際には何を伝えるのかという要点を研修したり、事例を取り上げてそれぞれが何をするかを検討するなどの研修の工夫をしているのも効果

的であろう。

### c）効果的な機関連携のための工夫

　ヒアリングにおいて工夫点について尋ねたところ、以下のような回答があった。

ア．学校への働きかけでは、毎年4月1～2日に訪問し、校長・教頭に対して、要保護児童対策地域協議会の法的位置づけや学校の責務について伝えている。こうした取り組みにより、理解が深まり、連携につながっていると思われる。町の学校数が多くはないこともあり、無理なく実施できている。

イ．要保護児童対策地域協議会の代表者会議で法的制度について説明して理解を図っている。また代表者会議にグループ討議を取り入れるなどして、町の課題をあげてもらい、それをもとに研修を計画している。

ウ．要保護児童対策地域協議会で、通告を受けてからの流れを文書で示して説明している。また、多機関職員が合同で研修をすることで認識の共有を図っている。

　以上のように様々な工夫を取り入れることで、池田町のネットワークが活性化されていることが感じられた。

### d）現在抱えている課題

　現在の課題について、ヒアリングの際に以下の点が述べられた。

### ア．支援サービスの充実

　相談を充実しても、支援のサービスメニューを増やさなければ効果が上がらない。中でもショートステイの場を確保することが課題とのこと。

### イ．転入者の家族支援

　転入者の場合で問題を抱えている事例があるが、以前の居住地での支援情報を得にくい。

## ウ．子どもを育てる支援

　保護者の中には能力的な問題などでなかなか変われない事例がある。そういう場合には、子どもを育てていく、成長させていく取り組みが必要であると感じている。

　いずれも、これからの地域での支援を構築するうえで、欠かせない視点であると考える。


# 6……まとめ

　以上、池田町におけるヒアリングと入手した資料に基づいて取り組みをまとめた。池田町は人口1万人の地方の町である。しかし子ども家庭相談の体制は目を見張る充実ぶりであり、ネットワークも早くから整備されてきている。ワンストップでの総合福祉センターの設置、社会福祉協議会との連携、妊娠期から乳幼児期に至る継続した支援体制の構築、地域での工夫を凝らした子育て支援など見るべきものは多かった。

　各種アセスメント書式の整備と児童相談所との共有使用、就園前児童を対象とした実務者会議の毎月開催、実務者会議でのランクづけといった点にも特徴がある。また、関係機関の理解を得るための取り組みに努めており、関係機関職員合同での研修にも力を入れている。こうした様々な取り組みをするうえで、長期にわたって勤務している職員の存在は大きい。小さな町の大きな取り組みとして注目すべき存在だと考える。

# 現在の相談体制の状況について

池田町役場 健康福祉課 課長補佐
子ども子育て推進室 宮本 瑞枝

　池田町は妊娠届、乳幼児健診、保育園、学校などで保護者が不安や困り感を訴えたときには、相談内容に応じ、助産師、臨床心理士、理学療法士、保育士、作業療法士、教員が支援できる体制があります。また、療育機関へつなげることも早期に保護者の希望により対応しています。相談体制が構築され、年月が経ってきて、最初に支援してきた子どもたちの年齢が高校を卒業する年齢になってきました。また、インターネット利用の低年齢化により、池田町子ども子育て推進室に来る保護者からの相談内容は、性暴力、発達障がいの2次障がい相談、虐待相談、不登校昼夜逆転相談、ネット依存相談、経済相談、DV相談など多様化、複雑化しており、広範囲な相談に対応できる相談員の後継者育成が大きな課題でした。時には怒りのある親への対応などメンタルの強さの必要性もあることから、女性だけでなく男性職員でコーディネート力もある職員を採用することが不可欠な状態でした。

　2018年度職員募集で相談経験豊富な職員が採用となり、現在、その職員を中心とした相談体制が構築されてきました。今まで入れなかった家庭へ介入し、適切な養育を行うための支援が始まりました。また、2018年度から池田町社会福祉協議会で訪問型学習支援事業が開始され、母子家庭、経済的不安定な家庭の不登校の児童については、学校と連携しながら、支援が始まりました。

　今後、自治会単位で地域の力で子育て支援ができるようになり、そこと子ども子育て推進室が連携していくようになったら良いと構想しています。また、今後10年先を見据え、相談者育成に力を入れていきたいと思います。

# 2.
# 大阪府熊取町の取り組み

──福祉・保健・教育による協働体制の構築

川﨑二三彦

熊取町のヒアリングは、2015年1月19日に行った。以下は、基本的にこの日を基準にして述べたものである。なお、ヒアリング及び本稿の執筆に際しては、事前アンケートへの回答や、「平成25年度子ども相談ネットワーク会議活動状況のまとめ」「平成26年度子ども相談ネットワーク会議活動方針」「熊取町次世代育成支援対策地域行動計画（後期計画平成22年度〜26年度）」などを参考にした。

## 1……熊取町の概要

熊取町は、大阪府泉南地域に位置する町で（図1）、町としては大阪府下で最も人口が多い。

ヒアリングでは、最初に町の特徴についての説明があった。その内容を要約すると、以下のようになるだろう。

「本町は、大阪市内からだと、電車で30分程度です。通勤の便が非常に良いということで、サラリーマンの方が多いところです。だからといって、大きなビルもなく、自然環境に恵まれています。そうした背景もあって、1970年代前半から急速に住宅開発等が進み、1975年頃には1万人台だった人口が、現在は4万4000人台となっています。ただし、現在は横ばいもしくは微減といったところでしょうか（町の統計書によると、2010年がピークとなっており、以後は漸減傾向にあると思われる）。

図1　大阪府熊取町の位置

図2　熊取町役場企画部政策企画課
作成のパンフレット

　また、町の面積が全体でも17平方キロメートルあまりと非常に狭いんですね。南側が市街化調整区域、北半分は市街化区域となっておりますが、狭い中にも、大学が4つございます。京都大学原子炉実験所（現在は京都大学複合原子力科学研究所）、関西医療大学、大阪体育大学、それに大阪観光大学ですが、それぞれ特色がある大学でございますので、いろんな形で、連携させていただいております」

## 2……熊取町の子育て施策

### a）住むなら熊取（40歳以下の転入・定住促進政策）

　ヒアリングの際に、図2のような表紙のパンフレットをいただいた。「住むなら熊取——子どもが笑顔で輝くまち」と題されたもので、「熊取町に住んで、子育てしませんか？」と呼びかけている。現在、町は40歳以下の転

入・定住を促進する政策を実施しているとのことで、ページを開けると、〈しっかり子育て！〉の欄では、「イチオシ！　半世紀以上全小中学校で単独調理の学校給食を実施」「オリジナル！　町内の自然を活かした各校独自の自然教育を実施」「トウゼン！　保育所の待機児童は"ゼロ"」「岸和田市以南で熊取町のみ！　保育所の延長保育は午後10時まで可能」などと並べられている。〈しっかり教育！〉の項では、「学校校舎の耐震化率は100%　府内1位！」「町立図書館には絵本5万冊を含む児童書12万冊の蔵書　府内1位！（住民1人あたりの児童書蔵書冊数）」「全小中学校の図書館に図書館司書を配置　配置状況は府内トップクラス」などが謳われている。

　この点について尋ねてみると、住民の転入・定住促進の中でも、重要施策として「子育てしやすいまち」を打ち出しているのだという。私たちが訪ねた「教育・子どもセンター」も、行政の縦割りをなくして、子育てを一体的にやっていくという方向性の中で開設されたという。

　この「教育・子どもセンター」は、2013年10月1日、町立保育所をリニューアルして開設されている。そもそもは、保育所民営化によって新しい保育所を1つ作り、それに伴って町立保育所が廃止されたことを受けて、その建物等を再利用しているのだという。1階には、子ども・子育て支援、保育所運営、児童相談、要保護児童対策地域協議会に関することなどを行う「健康福祉部子ども家庭課子ども家庭グループ」が入っており、2階には、「教育委員会事務局学校教育課」が入っている。また、他にも町から委託を受けたNPOが運営する「つどいの広場」や「ファミリーサポートセンター」「ホームスタート事業」の事務所も入っており、非常に利用しやすくなっているという。

## b）熊取町次世代育成支援対策地域行動計画（後期計画　平成22年度〜26年度）
### ア．前史

　「熊取町次世代育成支援対策地域行動計画（後期計画　平成22年度〜26年度）」（以下、後期計画）の冊子は、128ページもの分量があり、詳細な計画が示されている。本冊子の末尾には、本計画策定に携わった「熊取町次世代育

成支援対策協議会」委員からのメッセージが掲載されている。その中で、協議会山野則子副会長が述べている次のような一節が目を引いた（要約）。

　　私が熊取町に初めてかかわり始めたのは1993年であり、当初は教育委員会の教育相談員という立場でした。当時、子ども家庭相談を担当する福祉の部署が明確になく、町であることから大阪府内の他市に比べて子ども福祉制度が使いやすいものでなかったり、他市とは違う状況に戸惑いました。しかし教師と保護者、住民との関係が身近で深く、独自性があってとても仕事がしやすい、面白い環境だと感じていました。だからこそ、教育委員会の指導主事や学校の先生方とシステムづくりを検討するようになり、1999年ごろには、教育委員会の方と一緒に、学校へ出向いてケース会議を実施することを考え、民間である学童保育の方や府の保健師や生活保護担当の方などとともに試行しました。相談という一側面からだけの関わりですが、制度や資源が十分でないなかで、熊取らしい工夫によって、先生方や学校が変わっていく状況を目の当たりにしました。顔が見える関係のなかで、いいものを作っていこうという積極性です。

　今回のヒアリングの目的は、2004年児童福祉法改正によって市町村が児童家庭相談を行うことが法律上明確化されて10年という節目を迎え、この間の各自治体での取り組み状況を明らかにし、それらを他自治体も含めて今後に生かすということであったが、山野氏のコメントをみると、熊取町では、そのはるか以前から、教育部門での相談経験が積み重ねられてきたことが推測される。この文章だけではその具体的な内容はわからないが、こうした経験が、有形無形に現在の相談システムや援助内容に影響しているのではないかと想像した。

**イ．後期計画の活発な議論**
　ところで、後期計画を分厚い冊子にまとめるまでには、様々な努力が払われていた。この点については、協議会の山本健慈会長がメッセージを残して

いるので、それを抄録してみたい。

　本会議を終えるにあたり、会長としての感想と今後への若干の希望を述べさせていただきます。最初に申し上げたいことは、この会議が活発な議論の場であり、その発言を通しての相互の学び場であったということです。毎回2時間というかぎられた会議での審議を通して相互の学びの時間を実現することはなまやさしいことではありません。ましてや公的機関の審議会等というのはしばしば行政原案の追認という形式的な場となりがちです。にもかかわらず、本委員会が、充実した議論学習の場となりえたのはいくつか理由があると思います。

①前期5年間において、各委員がさまざまな場において〈次世代育成支援〉にかかわる経験をしており、その到達と課題についての認識をもって参加していたこと。

②子ども家庭課（その存在と機能自体が、前期計画の最大の成果のひとつ）が前項の経験を掌握し、整理し、問題提起をされたこと。この作業が、日々格闘ともいえる子育て家庭支援、最前線の保育士、教員等の後方支援に取り組みながら、かつコンサルタントなどの補助なしになされたことは驚くべきことであり特筆されるべきことです。

③自らの経験に基づく発言は、当然のこととして多様性をもち、また対立的なものがあるのは当然です。専門職と市民、専門性の相違、世代の相違、女性と男性。この会議が、これら多様な意見、とくに若い子育て当事者世代の発言にシニア委員がよく耳を傾ける場となっていたこと。

④ 本計画の基本理念を〈多様な「子どもの育ち」や「暮らし」を認め合い、支え合う、対話的まちづくり〉としましたが、この会議そのものが、〈多様な意見を認め合う、対話的な会議〉であったということでしょう。

「計画の策定経過と策定組織」を読むと、前期計画の177事業に関する担当部局への調査やヒアリングに加え、現状の把握に関しては、「ニーズ調査を業務委託する自治体が多い中、調査票を事務局で作成し、（中略）分析作

業も事務担当者会議で行いました」という。自治体職員が自ら率先して行った自覚的取り組みが、協議会を活性化させることに役立ったものとして、高く評価できるのではないだろうか。後期計画は、こうした取り組みと合わせ、「次世代育成支援対策シンポジウム〜子どもは地域で育つ〜」の開催などを経て課題の抽出がなされ、それに見合った計画が策定されたのであった。

おそらくは、単に字面をそろえるだけでなく、活発な議論を背景にして策定された「後期計画」が、策定プロセスを含めて現在の町の子育て政策を形づくっているのだろうと推測した。

### ウ. 子どもの育ちを支え、子育てを支援するネットワーク

後期計画では、「子どもの育ちを支え、子育てを支援するネットワーク」として種々のネットワークを構築することで、子どもの育ちや子育てを応援するとされている。すなわち、「保育所拠点ネットワーク」「豊かな子どもの育ちネットワーク会議」「子育て支援民間ネットワーク」「子ども相談ネットワーク会議」などであり、その他にも当事者のネットワーク（子育てサークルや親の会等）も例示されていた。これらの中の「子ども相談ネットワーク会議」が児童福祉法で定める要保護児童対策地域協議会である。要保護児童対策地域協議会も、熊取町の様々な子育て支援ネットワークの1つとして位置づけられている点が、当然といえるかもしれないが、納得させられた点である。

ここでは、その1つである「豊かな子どもの育ちネットワーク会議」について、簡単に紹介しておきたい。本ネットワーク会議は、平成17年3月に策定された次世代育成支援対策地域行動計画（前期計画　平成17年度〜21年度）をふまえ、2005年度に立ち上げられている。本ネットワーク会議のねらいは、「これまで各々の機関で分断されていた子どもたちの育ちに関する様々な見方を出し合い、現状を把握し、0歳〜18歳の子どもの育ちをトータルに見据えた保育・教育実践を検討」することにあるとのことで、保育所・幼稚園・小中学校・子ども家庭課・健康課・教育委員会などの関係機関が参加している。後期計画の冊子には、図3のような会報も掲載されており、

図3　豊かな子どもの育ちネットワーク会報

第1号を見ると、座長には小学校長が就任し、毎月会合が開かれていた。なお、後期計画の策定にあたっては、このネットワーク会議が作業部会と位置づけられ活発な意見交換が行われていた。

熊取町の要保護児童対策地域協議会である「子ども相談ネットワーク会議」は、こうした動向とも深くかかわりながら、2006年3月10日、「熊取町児童虐待防止ネットワーク会議設置要綱」の廃止とあわせて設置されたのであった。

c）子ども家庭課

熊取町要保護児童対策地域協議会が発行している「平成26年度子ども相談ネットワーク会議活動方針」に掲載されている「子ども家庭課組織図」には、組織の変遷の状況についても図示されており、それを見ると、平成16年度の「福祉課」（その中の児童福祉係）が、2005年度に「子育て支援課」（児童福祉係・子育て支援係）となり、2006年度からは「子ども家庭課」となって現在に至っている。

なお、「子ども家庭課」の設置に際して、課内に学校指導参事や健康課長を兼任する職を置いたことで、従来は、児童福祉部門と学校教育課や健康課

が「連携」する関係だったところ、一歩進めて、これらの課と「協働体制」を敷く形に変えることとなった。この点について、「後期計画」は、次のように設置経過とその意義を紹介している。

　地域のネットワーク機能を充実させ次世代育成支援の基盤を強化するためには、多様な活動や団体、そして行政を有機的につないでいくための中心的な役割を果たす機関の必要性から、また、虐待をはじめとする高度な対応を必要とする事例や、発達障がいなど「子ども育ち」を支援する専門性の向上が求められることから、町内の子育て支援を総合的かつ効果的に推進するための組織として平成18年度（2006年）より「子ども家庭課」を設置しました。

　「子ども家庭課」は、平成17年（2005年）4月児童福祉法改正に伴い、子どもや家庭の相談について市町村の担う役割が明確化される中、「子どもに関する相談体制検討会議」を立ち上げ、健康福祉部・教育委員会での協議を重ね設置されました。学校教育課（指導主事）と健康課（保健師）の兼務体制を敷き、0歳～18歳の全ての子どもとその家庭を対象にし、育児不安など日常的な相談から、虐待の通告などの緊急対応まで相談業務の中心としての機能を果たしています。また、「子ども相談ネットワーク（要保護児童対策地域協議会）」の調整機関として、保育所や学校、学童保育所など関係機関のネットワークを最大限に生かした相談力の向上に努めました。

　更には、様々な子育て支援事業を実施するとともに、地域における多様な活動を有機的につなぎ、まち全体の子育て支援の取組みを総合的にコーデイネイトする機関として、子育てに関する幅広い取組みも行いました。

　「子ども家庭課」の設置とその実践内容については全国的にも例が少なく、多数の自治体や大学などから視察や立ち上げに関する相談を受けています。

　私たちの勉強不足も手伝って、ヒアリングの時点ではこうしたことについ

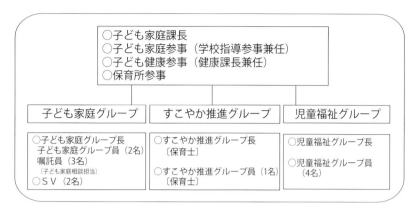

**図4　熊取町子ども家庭課組織図（2014年度）**
（「平成26年度子ども相談ネットワーク会議活動方針」をもとに作成）

て十分把握しきれていなかったが、応対して頂いた方の中に、子ども家庭参事（学校指導参事兼任）や子ども健康参事（健康課長兼任）が加わっておられたのは、経過からしてごく自然なことだったのだと、理解したのであった。

ヒアリングでは、さらに次のような発言があった。
「組織としては、すでに2006年にはそういう体制ができておりましたけれども、今度は、ハード面での動きやすさや利用される方の利便性を考え、機能をここ（教育・子どもセンター）に持ってこようということになりました。それまでは、やはり、バラバラでやっていたんですね」

なお、組織図（図4）を見ると、実際に相談や通告に対応し、協議会事務局やケース進行管理を担う「子ども家庭グループ」には、グループ長のほかにグループ員が2名、子ども家庭相談を担当する嘱託職員が3名、それに加えて児童相談所経験の長いスーパーバイザーが2名という体制となっている。

## 3……熊取町のネットワークの仕組み

### a）3つに分かれている実務者会議

熊取町では、要保護児童対策地域協議会の名称が「子ども相談ネットワーク会議」となっているが、設置要綱を見ると、実務者会議が「虐待・養護実

### 表1　熊取町における実務者会議の開催・活動状況

| | 虐待・養護 | 障がい | 不登校・非行 | 定例ケース見直し会議 |
|---|---|---|---|---|
| 2009年度 | 3回 | 12回 | 1回 | 巡回20か所、見直し会議2回 |
| 2010年度 | 4回 | 12回 | 12回 | 巡回20か所、見直し会議2回 |
| 2011年度 | 4回 | 12回 | 22回 | 巡回20か所、見直し会議2回 |
| 2012年度 | 4回 | 12回 | 18回 | 巡回20か所、見直し会議2回 |
| 2013年度 | 4回 | 12回 | 18回 | 巡回20か所、見直し会議2回 |

（「平成25年度子ども相談ネットワーク会議活動状況のまとめ」から）

務者会議」「障害実務者会議」「不登校・非行実務者会議」の3つの部会に分けられており、部会はそれぞれ、子ども家庭課長、健康課長、学校指導参事が座長を務めることとされている。

　なお、実務者会議の開催状況は、「平成25年度子ども相談ネットワーク会議活動状況のまとめ」（以下、活動のまとめ）によると表1のとおりである。

　ヒアリングでは、まず最初に、実務者会議が3つに分かれている点についてお尋ねした。

──実務者会議が3つに分かれています。比較的大規模な自治体だと、こうした運営の工夫をされている例をよく聞きますが、熊取町は人口が4万人あまりです。どのような経過で3つに分けられたのでしょうか？

「3つに分けたというより、健康課は、健診の中で、それまでから発達障がいや発達に遅れのあるお子さんへのかかわりをしていましたし、教育委員会は教育委員会で、不登校のお子さん等への援助をしていました。ですから、今までの実績を崩さないよう、3つの部会を持つことにしたんです」

──そうだったんですか。ところで、そのように分けるメリットはどんなところにありますか？

「ネットワークの真ん中には調整機関である子ども家庭課が入って、子ども家庭課と教育委員会、子ども家庭課と健康課とがつながる形になっています。その中で、例えば学齢児のことが取り上げられる場合などで、幼少期のかかわりが知りたいとなれば、健康課も呼ばれて一緒に話をします。それぞれが

今までやってきた取り組みを大切にしながら、無理のない形で連携を深めることができます」

――なるほど。

「もともと連携し合っていたわけです。それが2004年児童福祉法改正で市町村の役割が明確化されたので、それを受けて改めて要保護児童対策地域協議会の実務者会議について、分科会を置くような形で整理をしたといってもいいのかなと思います」

「単なる連携じゃなく、法律にも則りながら制度化したわけです。それに、組織的にも子ども家庭課に健康課と教育委員会のスタッフが兼務として配属されましたから、連携、協働が進んだのではないでしょうか」

　お話をうかがいながら、要保護児童対策地域協議会としての取り組みが、それ以前からの各部署での取り組みの実績をふまえることでスムーズに進められたこと、かつ、協議会の設置という法改正をふまえて組織を改正し、新たに「子ども家庭課」を置くと同時に、母子保健部門と学校教育部門の（責任ある役職に就く）スタッフを子ども家庭課で兼務させることで、連携の強化を図ったことが、要保護児童対策地域協議会を相乗的に機能させたのだろうと考えた。

　従来の実績を生かしながら、新たな情勢にふさわしい取り組みもするという点で、また、協議会の運営を、実務者会議の進め方の工夫にとどめず、（調整機関である）組織を見直し、強化を図るという方針を採用している点で、貴重な取り組みであると感じさせられた。

## b）巡回訪問とケース進行管理

　表1を見て、他ではあまり見かけないと思われたのが「定例ケース見直し会議」の欄にある「巡回20か所」とされている点である。これについては、事前アンケートへの回答でも触れられており、「保育所・幼稚園・小中学校・学童を年3回巡回し、関係機関の連携に重点を置くことで、早期に要保護家庭の支援につながりやすい」と記されていた。興味深いと思っていたら、

町としても重要な取り組みと考えているのであろう、私たちが尋ねる前に、説明があった。

「熊取町は人口規模が4万4000人、小学校が5校、公立中学校が3校ですので、住民の顔が見えるような、比較的小さな自治体です。また、行政的にも、教育委員会や健康課との情報共有をしやすい関係を築いており、乳幼児期から小学校、中学校と、子どもが成長するまでの様々な情報はしっかり把握できております。小規模という点を生かして、保育所、幼稚園、小学校、中学校を年に3回程度巡回し、何かあれば、比較的早期に対応できるという状況でございます」

──いつ頃から実践されているのでしょうか？

「2005年4月に改正児童福祉法が施行され、それも受けて、2006年に組織改正で子ども家庭課を設置したことは、すでに申したとおりです。こうした動きの中で、最初に取り組んだのが、直接学校や保育所などを訪問する活動でした。児童福祉法が改正されたとか、要保護児童対策地域協議会が設置できるといっても、現場の皆さんにとってはイメージも湧きにくいし、まずは保育所や学校を訪問し、『何か困ってることありませんか？』みたいに尋ねて回ったわけです」

「とにかく頻繁に回りました。『しんどいケースないですか？』なんて聞きながら、その中で、いろいろ話し合いをするようにしたんです」

──子ども家庭課サイドから働きかけた？

「そうです。ただ、福祉サイドからいきなり訪問しても、なかなか入っていけません。その点、子ども家庭課には、参事という形で、教育委員会からも入ってらっしゃったし、健康課からも入ってらっしゃった。そういった体制であったことも、うまく機能した理由になっていたように思います」

──子ども家庭課の設置もタイムリーだった？

「はい。それに学校も、現状について何らかの危機感を抱いていたのか、福祉的な側面からも見ていかないとあかんという意見がどんどん出てきて、そこは本当によいタイミングだったのかもしれません」

「ちょうど、特別支援教育という言葉も使われるようになった頃で、健康課

も含めて一緒に取り組んでいかないとあかん、連携しないとあかんという意識が高まっていたんじゃないでしょうか」

——要保護児童対策地域協議会は、児童福祉法上の制度ですから、学校とか教育サイドで違和感を感じるようなことはありませんでしたか?

「いえ、こうした取り組みは、私たちが勝手にしたというのではなく、学校や保育所、幼稚園などのニーズにも沿っていたように思いますから」

——なるほど。

「長年やってくる中で、今はむしろ、現場の先生から、『ケースカンファレンスをやってくれ』といった声も聞かれるようになってきました。先生方も、子どもの表面上の行動の裏には、生育歴だとかいろいろなことが関係しているんだと意識されるようになり、そういった情報も得ながら子どもに接していかなあかん、親とかかわっていかなあかんというふうに変わってきたように思います」

——先生方から出てきている?

「はい、そんな声も上がってきています」

——すごいですね。

「背景として、『豊かな子どもの育ちネットワーク』の活動もあったと思います。専門家同士が仲良くならないといけないということで、特に若い世代の保育士、保健師、教師の交流や研修の場を持っていましたからね」

　要保護児童対策地域協議会の設置に伴い、熊取町は、従来からの各部署での取り組みを生かし、組織体制も整備していたことは先に確認したが、協議会を実際に機能させるうえで、このようにして学校等に積極的に働きかけていたことがわかった。2004年児童福祉法改正の際には、相談や通告を受けることとなった市町村の多くが、どのような取り組みをすればいいのか悩んでいたことを考えると、町として相談を受けることを積極的に伝え、働きかけていた熊取町の取り組みは、大いに評価できるといえよう。

——ところで、現在はどのような形で巡回されてるんですか?

「ケースは多いし、小中学校、幼稚園、保育所合わせると10何か所あるんですけど、1件1件聞き取るようにして回っています」

——全部回られる？

「はい。全部回るので、ものすごい数になります。日程調整も大変だけど、みんな行きます」

——それを年3回？

「そうです。新学期は要保護児童と要支援児童全てを対象に聞き取ります。2学期は要保護だけ。次の年の2月は、新学期に向けて新入生中心です」

——確かに大変な業務量ですね。これ、巡回されるのは、どなたが行ってはるんですか？

「保育所、幼稚園は、子ども家庭課と健康課が中心に回ります。学校に関しては、子ども家庭課と教育委員会。4人から6人ぐらいで行くので、1台の車では足らないときもありますね」

「小学校には、保健師さんにも入ってもらってますし」

——うーん。

「回を重ねる中で、事前にリストを学校の方に渡しておくと、すべての学校というわけではありませんが、一人ひとりの状況について、担任が文書できちっと記載をしてくれるようになりました。それをふまえてやりとりできますので、効率もよく、内容的にもよくわかります」

——なるほど。役場の中で実務者会議を開いても、ペーパーだけでは実際のところがわかりにくい。でも、こうして実際に訪問すれば、その子どもについてよくご存じの方がいるわけだから、よくわかる。巡回訪問が実際的な進行管理につながっているということですね。

「そうですね。学校側も、巡回にはかなりの体制で臨んでくれている印象です。こちらが持っている情報をすぐにでもほしいという学校もありますから」

——あのう、学校からはどなたが出られるんですか？

「管理職の先生と生徒指導の先生や養護教諭、担任の先生。それから専科で、例えば音楽の先生など、その子どもにかかわってる先生方も出てこられます。

訪問は、小学校なら放課後のことが多いですね。中学校は、空き時間とかを利用します」

——その場で個別ケース検討会議のような議論をするんですか？

「いえ、それはまた別です」

　実務者会議をどのように実施するのか、ケース進行管理をいかに過不足なく行うのかといったことは、どの自治体でも悩ましい課題となっているが、熊取町の実践を聞いていると、「実務者会議」という形式にこだわらず、こうした巡回訪問が、実際的、現実的な進行管理になっているように感じられた。実務者会議のあり方について、発想の転換を求められているようにも感じられたのであった。

### c）きずなシートと要支援児童

　図5は、「活動のまとめ」をもとに作成した、要保護児童対策地域協議会対象児童数の推移である。2014年8月15日現在の要保護児童372人のうち、虐待種別に該当する者は31人、養護に分類される者は265人となっている。養護相談の件数の多さ、増加傾向については、「活動のまとめ」に、「最初の関わりが虐待であっても、関係機関連携のもと、丁寧に関わる中で養護になってきた」「虐待のリスクが非常に高い状況にある要保護児童と、虐待のリスクは高くないが見守りが必要な要支援児童を整理した」ことなどが影響していると考える旨の記載があった。こうした評価を含めて、本図で目を引くのは、やはり要支援児童数の多さではないだろうか。この点について尋ねてみた。

——数値を見ると、要支援児童の数が多いように思うんです。自治体によっては「要支援まで手が回らない」という声も聞かれます。「活動のまとめ」に記載された分析のほか、何か理由がありますでしょうか。

「1つは、『きずなシート』にあがってくる児童があると思います」

——ああ、「きずなシート」ですね。これについても「活動のまとめ」に出ていました。どんなものか、知りたいと思っていたんです。

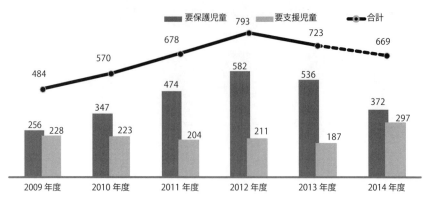

**図5　熊取町要保護児童対策地域協議会対象児童数の推移（2014年度は8月現在）**
（「平成25年度子ども相談ネットワーク会議活動状況のまとめ」をもとに作成）

「うちでは、就学にあたって『障害実務者会議』で、『きずなシート』っていう個別のシートを作成しているんです」

——具体的には、どんな？

「例えば、保育所の保育士さんとか保健師さんが、『この子ちょっと気になるし、お母さんやお父さんが、この状態を受け入れるのはしんどいかもしれない』といった見立てがあって、母親に対するフォローが必要だと考える場合だとか、保育所や学校で、もう少し丁寧に見てほしいなというような子どもさんですね。そういうケースについて『きずなシート』を作成するんですけど、そういう子たちを『要支援児童』として挙げています」

——なるほど。

「これ、親御さんと一緒に作るっていうところミソでしてね」

——ほほう。

「以前、かかわっていた親御さんに、所属が変わるたびに何度も同じことを説明するのはしんどいって言われましてね」

——ああ、親御さんの方から。

「それもきっかけで、障害実務者会議で話し合って作ることになった。そうしたら、教育委員会でも、個別の教育計画というのを立てなあかんということだったので、それを活用することにした。保育所の先生も一緒になって作

88　第2部　先進自治体の取り組み事例

っています」

「親御さんと一緒に作るので、保育士さんも、『あのときは、お母さんもしんどかったんやね』などと話すことができるし、支援の仕方がお母さん寄りになってきた印象があります。結果として、保育所への信頼度も上がりますしね」

――これは、就学のときに作る？

「はい。就学のときにうまく引き継ごうということで。『きずなシート』という1つの形にして、『お母さん一人とちゃうよ、一緒に引き継ぐよ』って学校に持って行きました」

――虐待疑いのケースなんかはどうなんですか？

「そういう事例もありますが、基本的に、お母さんと一緒に作るので、まず、お母さんがそれを見ても大丈夫なように工夫します」

「要保護家庭については、障がいをメインにした『きずなシート』の引き継ぎとは別に、巡回等を通じて、子ども家庭課と教育委員会の方で引き継ぎます。何層かの構造を持たせた動きを取っています」

　要支援児童のすべてで「きずなシート」が作成されているわけではないかもしれないが、保護者と一緒になってシートを作成する作業が、保育所への保護者の信頼度を上げ、同時に、「豊かな子どもの育ちネットワーク」のねらいでもある「0歳～18歳の子どもの育ちをトータルに見据えた保育・教育実践を検討」するといったことにもつながっているように思われた。「要保護児童だけでも大変で、要支援児童を加える余裕がない」といった悩みの解決とはまったく異なったアプローチで、要支援児童への取り組みを進めている熊取町の実践は、興味深いといえよう。

## d）個別ケース検討会議と児童相談所との関係

　熊取町の要保護児童対策地域協議会の取り組みの中で、次に注目したのは、個別ケース検討会議である。先の質問では、巡回訪問時に個別ケース検討会議を行うことはなく、それはまた別の機会に実施するとのことであったが、

表2　熊取町における個別ケース検討会議の開催回数と参加機関

| 年度 | 開催回数 | 参加機関 | | | | | | | |
|---|---|---|---|---|---|---|---|---|---|
| | | 保育所幼稚園 | 小学校 | 中学校 | 支援学校 | 学童保育所 | 児童相談所 | 健康課 | 子ども家庭課 |
| 2009年度 | 90 | 37 | 32 | 17 | 1 | 7 | 9 | 25 | 90 |
| 2010年度 | 97 | 32 | 43 | 9 | 2 | 10 | 8 | 27 | 67 |
| 2011年度 | 99 | 18 | 30 | 12 | 0 | 4 | 6 | 5 | 99 |
| 2012年度 | 110 | 12 | 32 | 26 | 2 | 6 | 17 | 3 | 93 |
| 2013年度 | 70 | 17 | 26 | 21 | 3 | 2 | 6 | 8 | 70 |

（「平成25年度子ども相談ネットワーク会議活動状況のまとめ」をもとに作成）

他方で、「現場の先生から、『ケースカンファレンスをやってくれ』といった声も聞かれるように」なったとの発言もあった。そこで、まずは会議開催状況について、「活動のまとめ」に記載されていたものをふまえて、表2に示してみた。

――個別のカンファレンスのことですが……。

「はい。熊取は、個別ケースカンファレンスを重視してやってきました。やり方は、現場によってばらつきがありますけれど、養護の先生や生活指導の先生、担任だけでなく前担任が出てこられることもあります」

――学校等に出かけて行って？

「それが多いですね。難しいケースだと、やっぱり福祉が行き、保健師さんも入って生育歴を確認したり。それから、ここは学童保育も子どもを密に見てますので、そちらの様子をお聞きしたり、いろんな側面から子どもを見ることで、援助の糸口が見えてくるという感じです」

「そこが、熊取の1つの特徴でしょうね。子ども家庭課の中でカンファするというだけじゃなくて、小学校の低学年であれば、出身した保育所も入る。もちろん健康課も入る。そういう積み重ねの中で、学校が直接保育所にその当時の状況を訊くこともあります」

――ああ、そうなんですか。

「学校と学童の関係も非常にいいんですよ。その子がどんな様子なのかということを学童で聞き取る。関係団体との連携というのは、格式ばって会議を

すればよいというものではないし、日常生活の場で情報を共有し、連携することだと思うんですね」

「さっき言ったように、最初は学校や保育所を回って『何かありませんか？』みたいな感じで意識的に問題提起をしていました。その積み重ねの中で、カンファレンスの意味も浸透していった。いきなり『カンファしましょう』と言ってもうまくいくはずがないですから」

——なるほどね。そうした会議に、スーパーバイザーの方々は参加されるんですか？

「出かけることが多いですね」

——ところで、表2を見ていますと、個別ケース検討会議への児童相談所の参加が少ないように思うんですが、その点はいかがでしょうか？

「そうですね。児童相談所が出席するのは、関係しているケースのみですね」

——児童相談所のケースのみ？

「ええ、それ以外は出ないです」

「私たち（スーパーバイザー）が児童相談所で勤務していた頃と比べて、今はもう、児童相談所の虐待対応は、格段にしんどくなっているし、大変です。そこは私たちが経験していない未知の世界です。他方、児童相談所から町に来てみると、地元では、いろんなところと地道につながっています。ですので、ある時点だけを切り取って、会議に参加して何か発言するというのは、やはり難しさもあるように思います」

——全国的には、児童相談所が助言者的な役割を担っていますが、熊取町は、児童相談所経験が長くて力量のある方がお二人もスーパーバイザーを務めておいでなので、専門性の確保といった点で、児童相談所に頼る必要がないのかもしれませんね。

「行政の中にどっぷり浸かっていると、体制の不十分さにもどかしさを感じたり、いささか疲れ気味になったりしますが、とにかくカンファレンスをして、みんなで決めて、やれることやるっていう粘り強い活動を（行政サイドから）見ていると、スーパーバイザーという存在が、援助の原点に立ち戻らせてくれるんですね。もちろん、緊急の場合への対応だとか、ケースの援助

の方向性を導いてくれる、アドバイスしてくれるというのは当然なんですけど」
「私(スーパーバイザー)から見ても、同じスーパーバイザーの○○さんは
すごく堪能なベテランのケースワーカーでしたので、法律的なことも含めて、
スーパーバイザーとして具体的な助言ができるという面があります」
──やはりね。

　個別ケース検討会議が重視されているが、会議の開催が学校等の場で行わ
れるのが日常的な、ごく普通のことのように感じられた。また、児童相談所
の関与が少ない点も、熊取町の特徴かもしれない。
　全国的に見ると、児童相談所は要保護児童対策地域協議会の一員であると
同時に、会議の助言者としての役割も担わされるという場合が多く、二重の
役割を果たすことには多くの困難がつきまとう。熊取町では、そうした助言
者の役割を児童相談所経験の豊富な2人のスーパーバイザーが担っているこ
とから、児童相談所が二重の役割を果たす必要はなく、町内の関係機関だけ
で個別ケース検討会議が完結しているのかもしれない。なお、こうした状況
ができれば、児童相談所と町との関係も、ある意味では対等になっていくの
ではないだろうか。これは、改正児童福祉法が想定した形とは違うかもしれ
ないが、児童相談所と市町村との今後の関係のあり方を示唆しているとも考
えられよう。

### e) 不登校・非行実務者会議とスクールソーシャルワーカー

　「活動のまとめ」に記載されている「不登校・非行実務者会議」の欄を見
ると、「スクールソーシャルワーカー活用事業の成果と課題」という副題が
つけられており、長期欠席児童の状況やスクールソーシャルワーカーの取り
組みが記載されていた。それによると、「2013年度の長期欠席児童生徒は、
昨年度より2名減少して69名であった。ここ数年は、長期欠席の背景や原
因が複雑化しており、対応が難しくなっていることや、家庭生活における課
題が児童生徒の学校生活等に影響を及ぼしており、根本的な解決のためには、
保護者へのアプローチ等が必要で、学校のみでは対応が困難なケースが増加

していることが考えられる」と分析している。また、熊取町のスクールソーシャルワーカーの配置は、長期欠席の多い中学校に配置するという方針を取っている点が特徴のようで、2010年度に長期欠席の最も多い中学校に1名配置したのを皮切りに、2011年度は1名増員して次に長期欠席の多い中学校に配置している。そして2014年度からは、2人目を1つの小学校に配置替えしている。スクールソーシャルワーカーは、「家庭自体の生活リズムの乱れ、登校への親の意識の低さにより、毎朝子どもを学校に送り出せない家庭が増えてきている」ことなどに鑑み、「家まで迎えに」行ったり、「ほぼ毎日、1日数回家庭訪問する家もある」といった活動をされているとのこと。

　不登校・非行実務者会議のことについてお尋ねした。

「小さな町ですから、不登校とか非行といっても、それほど多いというわけではなく、どちらかというと学校主導で取り組まれていました。部会としては、ここ数年、スクールソーシャルワーカーの活動等によって得られた情報を、子ども家庭課と共有するような形で取り組みを進めています」

──それにしても、スクールソーシャルワーカーが毎日家庭訪問をされているなどとお聞きしますと、かなり活発に活動されているように思うんですが。

「スクールソーシャルワーカーの配置でよくあるのは、派遣型ですね。例えば1つの学校につき週に2回ぐらい派遣するというパターンです。けれど、本町はちょっと考え方を変え、より日常的に支援した方がいいということで、特に課題の多い学校を選んで、小学校に1名、中学校に1名配置しています。中学校は週4日勤務、小学校は毎日、つまり週5日勤務の体制を取らせて頂いています。子どもたちも、担任の先生や生徒指導の先生とは話しづらくても、スクールソーシャルワーカーだと1時間、あるいは2時間ぐらい話をしてくれることもあります。で、『今日は、学校でこんな行事しているから、一度来てみないか』などと誘ったりすると、ひょこっと学校に現れたりすることもある。保護者の方も、スクールソーシャルワーカーだったら話ができるといったことも出てきています。そういった意味では、週5日、週4日という体制が意味を持っていると感じています。もちろん、今はピンポイントで置いており、他の学校に配置できないという問題はありますが……」

——どこに配置するかというのは……。

「全体状況を勘案して、我々が決めています。実は、他校の校長からも『うちにも配置してくれ』と、引っ張り合いになっています。そういったことも考えると、スクールソーシャルワーカーの効果は十分にあるのかなと考えております。先ほども申し上げたように、配置型なので、たまにポンと行くんではないんですよね。そういった意味でつながりも持てるし、保護者の人にも安心してもらえる」

——なるほど。

「それから、熊取町には各学校に司書が配置されてますでしょう」

——「住むなら熊取」のパンフにも、そのことがアピールされていましたね。

「司書さんは、もちろんソーシャルワーカーじゃないけれど、学校の図書室に、そんな子どもたちがひょこっと現れたりとかするので、司書が子どもの様子を見るということもあります。お子さんの相談に乗ったりね」

——司書さんがですか?

「本格的に相談するわけではないですけど、様子を観察してね」

「特に、中学校なんかは、そういう不登校気味の子どもが、休み時間を図書室で過ごすこともよくありますので、司書さんの情報には貴重なものがあります」

——なるほど。それを聞いて、児童相談所の一時保護所で、調理師さんがすごくいい形で非行の子どもたちと接していた経験を思い出しました。

「子どもたちも、そういう大人の方が話しやすいことってありますよね」

——司書さんとかが、子どもたちを理解するための研修をされたりしますか?

「それはないですけれど、学校の中で、時間の許す限りそういった子どもの情報を共有するような場があります。学校内で、我々がかかわらないケース会議が持たれたりもします」

——お話を聞いていると、子どもたちのことを考えるという意識が、学校全体でできあがっているように思います。

「学校だけではなしに、例えば、熊取の保育士さんは、リストにあがってる

ような家庭で、お子さんがなかなか保育所に来られない場合には、朝、迎え
に行くんです」

——保育士さんが？

「はい。『お母ちゃん、もう今日しんどかったらええで』『迎えに行くから』
という具合にね」

——ところで、熊取町では、虐待ケースが30件ぐらい出ています。今お話
の出たようなご家庭と虐待ケースって、重なったりするんでしょうか。

「確かに、ネグレクト傾向の強いケースっていうのはありますね。ただ、市
町村が児童相談所と違うところは、やはり虐待の予防、未然防止というとこ
ろにあるわけで、なるべく親のしんどさを軽減する、そこで歯止めをかける
ということだと思うんです。周りから見てたら、『何やってんねん、甘いよ』
って見られるかもしれませんが……」

　要保護か要支援であるかはともかく、不登校気味のお子さんやネグレクト
の危惧があるような家族に対して、児童虐待防止法が求めるような、〈通告
→安全確認→安全確保（一時保護など）〉といった手法ではなく、スクール
ソーシャルワーカーが関与して寄り添い、支援している姿が浮かんできた。

　また、スクールソーシャルワーカーの活用に関しては、一般的なやり方で
配置するのではなく、町としての考えを整理して独自に配置型とし、どこの
学校に配置するかについても、町内の学校状況を分析して決定していた。自
ら分析し、自ら検討してプランを示して実行するという点で、参考となるよ
うに感じられた。


## 4……熊取町の取り組みの課題

　ヒアリングは、時間も忘れて様々なことをお尋ねしたため、最後にお聞き
しようと思っていた今後の課題については、十分におうかがいすることがで
きなかった。そこで、事前アンケートに記載されている内容を簡単に紹介し
ておきたい。以下の4点にわたって述べられていた。

①関係機関との情報共有や通告等への対応時の連絡に、迅速、スムーズになってきたところではあるが、まだ十分とはいえず、巡回訪問等で、引き続き根気強く理解を求めていく必要がある。

②緊急度判断のためのアセスメントシートの活用の定着化を図りたい。

③代表者会議の持ち方によっては、各機関の代表者間で地域課題の共有を図るのが難しい。研修を組み合わせたり、代表者には必ず発言を促すよう進行上の工夫はするものの、参加者全員のものとなりえているのか？　毎年運営方法について模索中である。

④医療機関との連携は、個別ケースの必要性により進めている。その中で、特定妊婦に関することなどは、産科医院も限られ、近隣市町もあわせた広域的なものが望ましく、町単独で要保護児童対策地域協議会の周産期部会等の設立も難しい。


# 5……まとめ

　今回のヒアリングを終えて、熊取町の取り組みに大変興味深いものを感じたことを最初に述べておきたい。すでに繰り返し述べているように、2004年児童福祉法改正後約10年を経て、市町村がどのような児童家庭相談を行っているのか、また要保護児童対策地域協議会をどのように運営しているのかについて、先進的、もしくは特徴的な自治体の実情を把握し、今後に生かすということを目的としてヒアリングを実施した。そのため、事前のアンケートでも、虐待相談やその他の相談に関する統計数値を尋ねたり、要保護児童対策地域協議会運営における工夫点や課題を問うていた。

　ところが、熊取町でのヒアリングで改めて気づかされたことは、そうした直接的な相談援助活動や要保護児童対策地域協議会の運営を見ているだけでは、深いところでの児童家庭相談の現状をとらえることはできないということだった。

　熊取町では、2004年児童福祉法改正以前の教育相談などの実績が財産としてあったように感じられたが、現在は、「子どもが笑顔で輝くまち」をめ

ざして子育て施策を重視しており、その点が、要保護児童や要支援児童に対する援助を行ううえで、バックボーンとなっていることがうかがわれた。加えて、「次世代育成支援対策地域行動計画」を策定するにあたって、自主的自覚的な取り組みや活発な議論が行われていたたことも、有効なネットワークを作り上げ、具体的な児童家庭相談を進める土壌となっていたのではないかと想像した。また、要保護児童対策地域協議会発足当時、本庁組織を改めて「子ども家庭課」を設置し、母子保健や教育サイドの職員を兼務させた組織方針がなければ、庁内連携がこのように進むこともなかったのではないかと思われた。

　要保護児童対策地域協議会の運営を考えるうえでは、それらを取り巻くこうした様々な動向にも目を向け、1つ1つの施策を充実させることが、遠回りに見えても重要なことではないかと考えさせられたのである。

　同時に、要保護児童対策地域協議会の運営自体についても、様々な仕組み、もしくは〈しかけ〉があったように感じられた。

　実務者会議を3つに分けて行っているのも、これまでの実績をふまえて、無理なく構築しており、その実務者会議も、会議のための会議ではなく、巡回訪問なども含めて実質的に何が有効かが考えられ、現場での工夫が積み重ねられていた。また、「きずなシート」の作成は、保護者の声をひとつのきっかけに出されたアイデアのようだったが、おそらくは、住民の声を尊重する姿勢が培われていたからではなかったかとも推測した。不登校・非行実務者会議の話の中では、スクールソーシャルワーカーの活用がうまく組み込まれていたし、要保護児童対策地域協議会（子ども相談ネットワーク会議）の運営に関しては、専門性を確保し、維持するために児童相談所経験の豊富なスーパーバイザーを配置していた。これらの取り組みが相乗効果を生むことで、現在の熊取町の実践が支えられているのではないだろうか。

# 現在の相談体制の状況について

大阪府熊取町子育て支援課

　2015年4月組織機構改革により「子育て支援課」となり、子育て支援担当のグループと母子保健担当のグループが統合された「子育て・母子支援グループ」と、子育て支援事業や療育事業を行う「すこやか推進グループ」の2グループ編成となりました（図参照）。

　また、要保護児童対策地域協議会は、引き続き、子育て・母子支援グループで運営するとともに、2016年度法改正で謳われた子育て世代包括支援センターも「すくすくステーション」という名称で開設（2016年8月）、さらに「子ども家庭総合支援拠点」も設置し（2018年4月）、相談体制の充実を図りました。

　特に妊娠期からの支援においては、「すくすくステーション」での妊娠届出時に保健師が全数面接を行い、妊娠や生活に関するあらゆる相談を聞きながら、リスクを浮き彫りにして支援につなげることができます。

　さらには、子育て・母子支援グループとなったことで、地域協議会と母子保健の両側面から相談に応じることができ、「特定妊婦」の支援をする上でも、よりスピーディーに対応ができます。例えば、特定妊婦の妊娠届出時の面談や妊娠中の家庭訪問は、児童相談員と保健師が一緒に行い、情報共有と共同アセスメントが可能になります。それにより、助産制度をはじめ社会資源へつなぐなど、情報提供も補完し合いながら支援することができます。また、産科医療機関へは児童相談員と保健師とで妊娠中に訪問し、関係機関との顔の見える関係づくりに意識的に取り組んでいるところです。

　特定妊婦の支援以外においてもメリットは大きく、要保護・要支援児童家庭の支援において、乳幼児期の母子保健情報はすぐに入手でき、発達や養育状況の過去の状況と、乳幼児期には顕在化しなかった現状について共有することができます。結果、子どもと親を連続性の中で見ることが可能となり、互いの分野で予防意識をより高めることにつながる一助にもなっていると思われます。

　一方、地域協議会の関係機関巡回も引き続き年3回実施しています。あわせて、2005年度に立ち上げた「豊かな子どもの育ちネットワーク」をよ

り発展させ、学校・幼稚園・認定こども園・保育所（園）等の公的関係機関だけでなく、地域の子育て支援に携わるNPOや民生委員・児童委員協議会等の団体、図書館や生涯学習担当課の職員などメンバーを拡充し運営しています。年数回の集まりですが、研修や意見交換を行い、所属や職種を越え、0から18歳の子どもの育ちを見据え、地域課題を共有し、それぞれの立場から主体的に親子にかかわることができるよう、「学びと交流の場」としているところです。

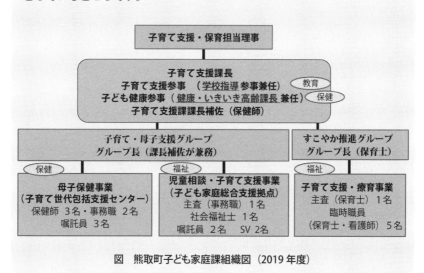

図　熊取町子ども家庭課組織図（2019年度）

# 3.
# 大阪府泉南市の取り組み
──予防を重視した取り組みときめ細かい巡回相談

川﨑二三彦

　泉南市のヒアリングは、2014年12月11日に行った。以下は、基本的にこの日を基準にして述べたものである。なお、ヒアリングに際しては、事前アンケートへの回答や、「子どもの虐待対応マニュアルⅡ」（泉南市子どもを守る地域ネットワーク）、「泉南市子どもの権利に関する条例」などを参考にした。

## 1……泉南市の概要

　泉南市は、大阪府泉南地域に位置しており、市のホームページに「関西国際空港のまち泉南」と謳われているように、沖合の関西国際空港の南部約3分の1を市域に含んでいる（図1）。まちの将来像として「豊かな環境・支えあい、人を大切にする泉南市〜みんなで夢を紡ぐ生活創造都市〜」をスローガンとしている。市は「温暖な気候と豊かな自然環境に恵まれ、遥か旧石器時代から人々の営みがおこなわれていた」とされている。

　産業としては、江戸時代以降、和泉木綿の産地の1つとして有名になり、明治に入ると、軍服用材料として紋羽の需要が増大して隆盛を極め、大正、昭和の時代には紡績工場が相次いで建設されるなど、紡績業が、地場産業として地域の発展を支えてきた。

　ただし、構造不況種ともいわれる紡績業は、1970年代前半以降、円高などによる国際競争力の低下などによって、工場の縮小、閉鎖が相次ぎ、厳しい時代が続いた。

 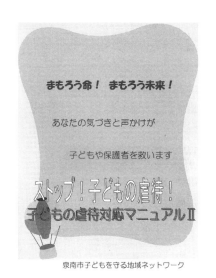

図1　泉南市の位置　　　　　　図2　泉南市の虐待対応マニュアルⅡ

　1970年に市制が敷かれ、現在の「泉南市」となったが、1960年代後半から1980年代前半にかけて、大規模な住宅開発が進められ、人口は急激に増加した。ただし、平成になってからは開発も一段落し、人口は横ばいとなっている。

　1994年9月、大阪湾の沖合に関西国際空港が開港し、りんくうタウン、幹線道路網、公共下水道などの空港関連地域整備が進み、都市基盤の整備が大きく前進。泉南市は、りんくう都市としてさらなる飛躍を期待されている（以上、泉南市ホームページ「泉南市の歴史と沿革」から引用、要約）。

　2014年3月末の人口は、6万4278人であり、ヒアリングでは、関空建設中は人口増加が続き、子ども人口の減少もストップしていたが、その後、（全国傾向から少し遅れて）横ばいから減少に転じているとのこと。児童人口は1万1835人（2014年3月末現在）となっており、市内には、小学校10校、中学校4校、保育所7園、幼稚園4園がある。

## 2……泉南市の子ども家庭福祉行政

### a) 泉南市子どもの権利に関する条例

　図2は「泉南市子どもを守る地域ネットワーク」（泉南市の要保護児童対策地域協議会）が発行している「子どもの虐待対応マニュアルⅡ」だが（以下、「マニュアルⅡ」と呼ぶ）、本冊子を開いてまず注目されるのは、序章に「泉南市子どもの権利に関する条例」を置いていることだ。

　そこで、最初に本条例について見ておきたい。このような条例は、大阪府下では初めてのものらしく、2012年10月に施行されている。教育委員会の人権教育課が担当部署となっているとのことだが、制定のための検討委員会には、福祉部署からも加わったとの説明があった。条例制定にあたり、小学生が「泉南・子ども・憲章」を起草し、条例第1章の前に、前文として挿入されているのも特徴であろう。「マニュアルⅡ」には、この前文の以下の一節が引用されている。

　　おかあさんやおとうさん、おうちのひとへ
　　家庭の中で暴力（DV）や虐待はないですか？
　　おとなの都合や事情で私たち子どもを巻き込む前に、私たち子どもの気持ちを理解してください。
　　私たち子どもの心や身体を傷つけないでください。
　　私たちもがんばりますから、自分で選んで、自分のペースですごさせてください。
　　どんな苦労があろうとも、笑顔がある家庭を子どもといっしょに、つくってください。

　子どもたちの参加は条例制定にとどまらず、条例に定めた「市民モニター制度」に基づき、子どもたちが広く意見を出し合う「せんなん子ども会議」が設置されている。毎年小学5年生～高校3年生までの30人程度を募集しており、カレー会食をしながら子どもの権利条約の学習をする、子どもの権利

を知ってもらうためのビデオ、パンフレット、ポスターを作る、市長と直接話すなどの活動を続けているという。

なお、11月20日は、本条例により「泉南市子どもの権利の日」と定められている。

権利条例が、児童家庭相談の業務として常時、直接的に扱われることはないかもしれないが、業務の基底に条例があることを自覚して虐待防止対応マニュアルでも紹介している点は、大変すばらしい取り組みであると感じられた。

また、市として条例を定めるだけでなく、条例に基づき、子どもたちを権利の主体者として、子どもの意見を聞く活動を続けていることは、要保護児童対策にもよい影響を与えているのではないかと思われる。

## b）要保護児童対策地域協議会の沿革

「マニュアルⅡ」によると、泉南市の要保護児童対策地域協議会は2006年に立ち上げられ、2010年に「子ども関係機関連絡会議」（2003年度から継続）とあわせて拡大再編され、「泉南市子どもを守る地域ネットワーク（要保護児童対策地域協議会）」としてスタートしたとのこと（以下、「子どもネット」と呼ぶ）。また、この時期には「子どもネット」の対象を要保護児童だけでなく、「特定妊婦や障害児、不登校、いじめ、触法行為等支援の必要な児童や養育支援の必要な保護者」に拡大している。

## c）要保護児童対策地域協議会（子どもネット）調整機関

泉南市「子どもネット」の1つの特徴は、調整機関のあり方ではないかと思われる。協議会設置要綱を見ていくと、「調整機関の指定」について定めた第7条第1項で、調整機関を泉南市健康福祉部保育子育て支援課と定めているが、続く第2項において、「協議会の事務局運営に関しては、泉南市健康福祉部保健推進課及び泉南市教育委員会指導課を含め運営調整事務局と位置づける」としている。これは、「協議会を設置した地方公共団体の長は、協議会を構成する関係機関等のうちから、一に限り要保護児童対策調整機関

を指定する」と定められた児童福祉法第25条の2第4項の趣旨と矛盾しかねないようにも感じられるが、要綱をさらに見ると、「運営調整事務局」について規定している第11条があり、そこには、「運営調整事務局は、第7条第2項に記載する機関で構成し、機関や部会間の調整、情報交換等についての集約等と子どもネットの庶務を行う」と定めている。

　ヒアリングでは、この点について、次のような発言があった。

「運営するのが大変と思われるかもしれないけれど、教育委員会や保健推進課も全部が入ったことで、虐待対応は保育子育て支援課だけの仕事ではない、虐待問題は教育委員会の仕事でもあるという意識ができていった。以前だと、丸投げしてくるか、援助に入るのを拒否されるかどちらかという印象がありましたから、その点はよかったと思っています。今では、学校関係の通告は教育委員会が受けて、ある程度の判断もしたうえで、持ってくるようになっています」

　事務局会議の招集は調整機関が行うこととされており、会議は月1回程度開催されているとのことだが、市の各部署間での連携を深めることに役立っているように思われた。

　児童福祉法の規定で、協議会の調整機関は「一に限り」置くこととされているので、調整事務局を3つの課が一緒になって引き受けているというしくみには、最初驚かされた。児童福祉法の規定は、調整機関がいくつもあると混乱が生じかねないという、ある意味では当然の懸念から定められたものと思うが、泉南市の場合、このような組織運営を行うことで、3つの課がいずれも主体的に要保護児童対策地域協議会に関与することを促している。大胆な組織づくりだと感じる一方、現状分析の中から自然に生まれた発想かも知れず、運営調整会議の存在もあってのことか、現状では、マイナス面を消してよい影響を及ぼしているのだろうと想像した。


## d）要保護児童対策地域協議会（子どもネット）部会

　設置要綱を見ると、他にも注目したい点があった。それは、組織について規定している第6条である。第1項は、「協議会は、代表者会議及び実務者

会議によって組織する」と規定されているが、第2項で、以下の部会を置くことができる旨を定め、「子ども虐待防止部会」「子育て支援部会」「教育支援部会」「発達支援部会」の4つが示されていた。

　人口6万あまりの自治体規模で、こうした部会を4つも置いているのは珍しいかもしれないと思い、その点について尋ねてみた。

——4つも部会を置くというのは、なかなか大変なことではありませんか？

「いえ、そんな考えはなくて、最初は7つ設けていたんです」

——7つ？

「はい。泉南市では、1人の子どもも、支援の網からこぼれ落ちてしまうことがないようにと考えて、最初は7つ作ったんです。けれどさすがに回らなくて、現在は4つの部会に落ち着いています」

——そのねらいというのは？

「要保護児童対策地域協議会といっても、最初はなかなか周知せず、例えば、学校の中で虐待が疑われる事象があっても、学校側が保護者との関係を守ろうとして、通告することにためらいがありました。そこで、学校はもちろんのこと、いろんな機関の中に入っていけるネットワーク組織に変えなければならないと考えました」

「保育子育て支援課だけでなく、教育委員会、保健推進課、この3課がきちっと対応できる組織にしようと思うと、やはり部会制にしてネットワークを運営していくというのがいいんですね」

「実情を見てから考えるというので、後追いといわれるかもしれませんが……」

　なお、4つの部会はそれぞれ独立した事務局を持ち、それらすべてを運営調整事務局が総括する体制だという。それらを図にしたものが、図3である。

　ヒアリングでは、「後追い」という表現も使われていたが、関係諸機関の意識状況も含めて、自分たちの自治体の現状を率直に把握し、それに即した組織を作ろうとしている点で、むしろ、主体的な姿勢を感じた。現状を嘆いたり他の機関を批判したりするのでなく、現状をふまえて何ができるのかを

3．大阪府泉南市の取り組み　　**105**

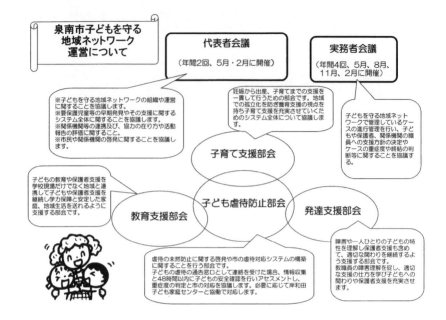

図3　泉南市要保護児童対策地域協議会の組織と4つの部会
（「マニュアルⅡ」から）

自分たちで検討し、対策が不十分であれば修正していくということは、とても大切なことだと思われる。

e）調整機関の組織、体制

調整機関は、すでに見てきたように、泉南市健康福祉部保育子育て支援課が担っているが、事前アンケートによると所属職員は4名で、家庭児童相談員も含まれる。4名の内訳は、常勤職員2名、非常勤職員2名。4名はそれぞれ保育士、臨床心理士、児童福祉司有資格者、社会福祉士任用資格者（国家試験に合格した段階の人）と、全員が何らかの資格を有していた。

ただし、こうした体制も最初からできていたわけではなく、家庭相談員も、以前は学校を退職された方が嘱託として行っていた。その後、2004年児童福祉法改正があって、心理職職員が非常勤で採用された。このあたりのことについて、ヒアリングでは、次のような説明があった。

「その後の2006年には要保護児童対策地域協議会も立ち上げられ、心理職も非常勤のままではよくないということで、要望も出し、正規職員という形になりました」

「ですから、私（心理職）は2005年度からここで勤務を始め、10年目を迎えています。ただし、正規職員となってからだと5年目ですね」

——体制を作ってからスタートしたのではなくて、走りながら体制の整備を図っていったということですね。泉南市で、心理職は他におられますか？

「いえ、1人だけです」

——貴重な人材ですね。しかも10年間も継続してこの部署におられる。

　児童家庭相談という部署に長く継続して勤務する人がいるということは、大変な強みとなっているように感じられた。また、担当される方たちが複数いて、なおかつ全員、有資格者である点も重要であろう。ここまで述べてきたように、要保護児童対策地域協議会の運営などについて主体的に考え、現状を自己分析し、具体的な改革案を出していくうえでは、こうした体制があってこそではないかと考えさせられた。


## 3……泉南市の子ども家庭相談の状況

### a) 経路別件数から見る学校等との連携

　まず最初に、児童相談（児童虐待を含む全ての相談）の経路別件数を図4に示した。本図を見ると、2012年度、2013年度を通じて、いずれも学校からの相談が最も多く、次いで保育所が続き、幼稚園も保育所に並んで高いことがわかる。一般的に、幼稚園からの相談や通告は少ない傾向にあると思われるが、泉南市では、半数が公立幼稚園であることも影響しているのではないかとのことであった。

　それはともかく、幼稚園を含めて学校・教育関係が顕著に高いことについて、ヒアリングで質問したところ、次のような回答があった。

——これだけの相談があるということは、やはり連携の密度が濃いということの現れでしょうか？

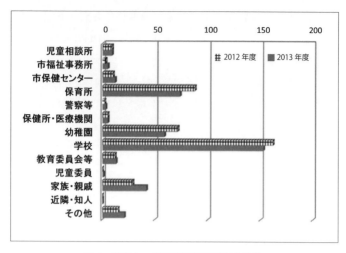

図4 泉南市・経路別児童相談対応件数

「はい。虐待などでも、朝の段階で気づいたら、午前中に連絡してください とお願いしているんですが、今ではかなり徹底してきたかなと思います」
——そうはいっても、通告をためらう意識を払拭するのは、それほど簡単な ことではないようにも思いますが……。
「そうです。それが徹底したのは、私たちが学校に入っていったからだと 思います」
——といいますと？
　ここで、家庭児童相談室の取り組みとして、学校等への巡回訪問の説明が あった。その概略は以下のとおりである。
「最初は、校長会や園長会などでの研修からスタートしました。でも、それ だけでは、たとえ管理職には伝わったとしても、そこから現場へは、なかな か降りていかない。それで、定期的に学校巡回を行うことにしたんです」
——学校巡回ですか？　具体的には？
「相談している子どもがいるからというのではなく、いてもいなくても定期 的に巡回しているんです。すべての学校を」
「もともとは、不登校対策の教育委員会の活動という位置づけだったんです

が、不登校ケースであっても家庭児童相談室がかかわることもありますし、不登校などの背景に虐待が隠されていることもあります。ですので、家庭児童相談室からも同行するようにしたんですね」

——教育委員会と一緒に？

「そうです。ただ、保育所や幼稚園は、こちらが主になって行っていますけれど」

——でも、市内に学校、保育所、幼稚園が……

「合わせて25か所」

——これ、すべて訪問されている？

「はい」

——中には、訪問に消極的なところもあるんじゃないですか？

「いえ、それはもう『子どもネット』ですから。児童福祉法に位置づけられていると説明すれば、断られることはありません」

——どれぐらいの頻度で訪問されているんですか？

「巡回は年5回」

——1つの学校ごとに年5回？

「そうです。1学期の初めと終わり、2学期の初めと終わり、3学期は1回だけですが」

——相当な数ですよ。全部で25か所ですから……、巡回数は総計で年125回になる！

「今が、ちょうどその時期なんですが、1週間ぐらいかけて全部を回ります。ものすごく大変なんですけど、でも直接訪問することで、不登校の子はもちろん、こちらで抱えているケースの子どもさんの状況も聞けます。学校と教育委員会だけで話して、後からこちらに話が来るのではなく、私たちも同行するので、もうそのときにすぐ対応できますしね」

——1日に何か所か回るってことでしょうか？

「朝から3か所とか。泉南市はそれほど広いところじゃないですし、1校1時間ぐらいで終わらせることもありますから」

——それでも、大変な労力です。

3．大阪府泉南市の取り組み　　**109**

「保育所や幼稚園の訪問指導は年3回です。でも、そちらは半日使いますよね」

——最初は、通告してくださいねっていう啓発的な意味もあったけれど、今ではもう、実際に抱えているケースの話をしながらってことでしょうか?

「そうですね」

——学校ごとに実務者会議をしているようなイメージ?

「ああ、そうですね。本当にそうです。現場の先生も、気になるケースのことは問いかけてきますので、虐待云々じゃなくても発信してこられます」

——学校からは、どんな方が出席されるんですか?

「学校によっても違いますが、校長であったり教頭であったり。でも校長は必ず出ていますね」

——こちらからは何人ぐらいで出向かれるんでしょうか?

「4〜5人です」(教育委員会指導主事、適応指導教室指導員、家庭児童相談員、子ども総合支援センター相談員または療育支援員)

——ところで、経路を見ていると、学校などと比べて近隣・知人からのものが0件です。いわゆる泣き声通告とかもない?

「うーん。以前は結構あったんですが、全国共通ダイアルなどが浸透してきたせいでしょうか。それと、この地域はまだつながりも強くて、地域の状況がよくわかるということがあるからかもしれません」

ヒアリングの中で、「当初は学校からの通告がなかなか行われなかった」という話があり、それを克服することなども意識しながら、教育委員会も加わった「運営調整事務局」を置いたことが説明された。経路別件数で学校、幼稚園が多いのは、その結果ではないかと推測していたが、お話をうかがう中で、決してそれだけではなく、頻繁かつ定期的な学校等訪問を行っていることが、その大きな理由であると感じられた。

通告や相談を促すために、校長研修会などを利用して啓発するといったことはしばしば耳にすることだし、学校訪問を行って説明したという自治体の経験を聞くこともあるが、実際に研修会を行ったうえで、それではまだ不十分だと考え、こうした定期的な訪問を企画、実施している点は、自ら現状を

分析し、対応策を考えるという姿勢として、泉南市の児童家庭相談の他の面とも共通するのではないだろうか。こうした姿勢は、他自治体でも参考になると感じた。

また、学校等訪問に際して、児童福祉法で法定化されている組織であることなど、制度の説明を行うことで理解を得たという点も、法律や制度をうまく生かした取り組みとして教訓的であろう。

b）児童虐待への取り組み、児童相談所との連携

市町村の児童家庭相談にとって、切っても切れない関係にあるのが児童相談所である。ところが、泉南市の児童相談総数についての対応状況を示した図5を見ると、2012年度、2013年度とも児童相談所長への送致は0件であり、送致事例がなかった。また、先に示した図4の経路別件数においても、児童相談所を経路として泉南市が相談を受けつけた件数は、2012年度、2013年度とも9件で、全体に占める割合は2％程度にとどまっていた。こうしたデータを見る限り、市と児童相談所との関係は、それほど密接なものではないように感じられた。そこで、泉南市と泉南市を管轄する児童相談所（岸和田子ども家庭センター）との関係について質問してみた。

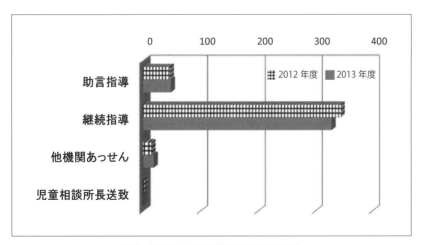

図5　泉南市・対応種別別児童相談件数

——児童相談所への送致が2012・2013年度ともにありませんが、これには何か理由があるのでしょうか。

「今は、児童相談所への援助要請をしていないんです」

——援助の必要はない？

「重度のケースについては、送致に至る前に連絡、協議していますし、中度以下の場合は、基本的に市で対応しますので」

——今、多くの自治体でよく聞かれる話というのは、市町村と児童相談所で判断に違いがあって、方針上の対立が生まれるといったことです。市町村側が一時保護を希望するのに、児童相談所が応じてくれないといった問題はありませんか？

「いえ。今は児童相談所が使っているアセスメントシートを私たちも使って、『シートのどこそこに該当します』といった説明をしますのでね。同じフォーマットを使っているので、『納得できない』ということはほとんどないといっていいかと思います」

「児童相談所も、人が代われば微妙に判断が変わることがあるかもしれませんが、これまでの取り組みの中で、『泉南市のそういう判断なら』という形で理解してもらえているのではないかと思います」

「実務者会議が、共通理解をしていくうえで役立っていると思います。一緒にリスクアセスメントを行い、そこから先の支援についても話し合う。必要なら、1件について30分ぐらいかけることもあるので、多少行き違うことがあっても話し合いで解決できると感じています」

「通告を受けて、重度の可能性がある、保護が必要になるかも知れないというような場合は、市として聴き取りに行く前に、早めに第一報を入れておいて、すばやく対応してもらえるようにしています」

——なるほど。ただ、県によっては、『わかった。でもペーパーをください』というところもあるかと思います。その点はどうでしょう。

「以前はそうでした。でも、今は口頭（電話）で連絡して調査など行い、それをまた伝えていくような形でしょうか」

　こんな話がこもごも出された後、次のような発言もあった。

「今から振り返ると、2004年の児童福祉法改正で、都道府県は後方支援ということになったときが、一番しんどかったように思います」

——どういうことですか？

「法改正があって、私たちは、それこそ通告等があったらすべて、『どうしましょう？』と児童相談所に相談していました。『子どもが怪我していると学校から連絡がありました。どうしましょう？』みたいな形で」

——ええ、ええ。

「そうしたら、決まって言われるのが、『とにかく、子どもを直接見てください』ということでした。子どもがすでに帰宅していたら、家まで行ってでも安全確認をするようにということですね」

——はい。

「もちろん、子どもの安全を守ることは大切です。でも、こちらとしては、警告とか虐待の告知ばかりではなく、支援の必要性もあると思っていましたし、虐待を未然に防ぐ必要も感じていました」

「考えてみると、ずっと、後追いばっかりでね。通告がある、児童相談所に連絡する、児童相談所の指示で家庭訪問に行く。それもいいけど、やっぱり、市としては未然防止に力を入れたいと思ったんです。そんなときに、子どもの虹情報研修センターでの3泊4日の指導者研修に参加して、なんか開眼したんですけれどね（笑）」

——そうだったんですか。

「市と児童相談所とでは役割に違いがありますから」

「今では、児童相談所に『どうしたらいいですか？』と尋ねることはありません」

——力をつけて、自ら主体的に決めていくようになったということでしょうか？

「自分たちで判断できるようなものが欲しかったですね。それで、加藤曜子先生にもお願いして、アセスメントを使った分析に取り組んだりしていました」

——なるほど。

「今は、実務者会議でも、全ケースこちらでアセスメントして、児童相談所

3．大阪府泉南市の取り組み　　**113**

の意見はどうですかと聞く」

　今回のヒアリングの中で、2004年改正児童福祉法によって児童家庭相談が市町村の業務となったこと自体については、取り立てて問題にする発言は聞かれなかった。しかし、第10条第2項の「市町村長は、前項第3号に掲げる業務のうち専門的な知識及び技術を必要とするものについては、児童相談所の技術的援助及び助言を求めなければならない」という部分に関しては、それをどのように運用するかで悩みがあったように感じられた。一言でいえば、「児童相談所側からの指示や指導が、市の児童家庭相談をミニ児童相談所化してしまうのではないか」「市の業務は、児童相談所とはまた違った役割があるのではないか」といった点での悩みだったように思われた。

　こうした問題を克服するために市として取り組んだこととして、1つは児童相談所が用いるアセスメントシートを自分たちも用いることで、児童相談所と共通の土台に立つこと（共通言語を用いること）、また、（ここでは紹介していないが）市として様々な研修を企画、実施し、外部研修にも参加するなどして自らの力量を高め、児童相談所に対して自らの意見をきちんと伝え、対等に話し合う体制を整えたこと、加えて、児童相談所とは違った市の役割とは何かを考え、取り組もうとしたことなどであろうか。

　先の児童福祉法の条文は、市町村は専門的知識や技術を必要としないように読めてしまいかねないが、市町村が行う子育て支援その他の種々の事業は、実施の主体者として市町村独自の専門性が必要だろうし、アセスメントにおいても、市町村としての判断が求められる場合は少なくないので、泉南市のこうした努力は、貴重な実践ではないかと感じられた。

## c) 相談種別別対応件数と市の取り組み

　上記で述べたように、市として、児童相談所の援助や助言をもとに家庭訪問や安全確認を行っていく中で、児童相談所とは違う市としての役割があるのではないか、市として、虐待が発生する前の予防的な活動に取り組む必要があるのではないかといった声を聞かせてもらったが、その背景には、児童虐待事例についての、市としての分析があったように思う。この分析のこと

については、「マニュアルⅡ」に記載があったので、まずはそちらを紹介しておきたい。

「過去5年間の虐待対応ケースの分析をした中で、子ども自身に発達障害や発達障害を疑われるケースが多く存在することがわかり、子どもネットとして発達支援部会の強化を考え発達支援相談票システムを作り、特別支援コーディネーターや加配担当者研修を充実させ教職員の発達障害理解をすすめる取り組みや具体的な対応について専門機関（市立子ども支援センター、岸和田子ども家庭センター地域相談課等）との連携をすすめています」

ここで述べられている「過去5年間の虐待対応ケースの分析」については、ヒアリング当日いただいたISPCAN名古屋大会（2014年）で報告したという「一般演題（口演）資料」に、その一端が示されていたので、それをもとに、筆者があらためて作図してみた（図6）。

本図を見ればわかるように、虐待通告に占める「要発達支援」とされたケースは、いずれの年度も過半数を超えており、直近の2013年度では、実に8割を超えている。この点について尋ねてみた。

――虐待事例の分析をされたということですが……。

「家庭児童相談室には、虐待事例がすべて集約されてくるんですけれども、それぞれのケースについて、学校に出向いて聞き取りしたり、保護者の面談とかをしながら振り返り、それまでの育ちの状況はどうだったのかといったことについて、全ケース見直したんです」

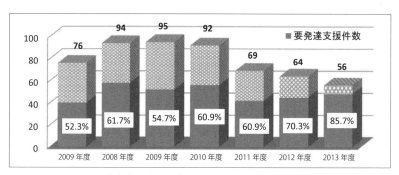

図6　泉南市・虐待通告に占める要発達支援件数の割合

――市として自分たちの虐待事例をこんなふうに分析するというのは、大変貴重な取り組みだと思います。

「ネグレクトに近いような状況で長期化するケース、養育支援が必要なケースも多かったですしね」

――それにしても、要発達支援のケースが非常に多い。

「実感としても、すごく多いと感じていたんです。それと、近年は虐待通告受理件数自体が減ってきていますので、受理件数に占める発達支援が必要なお子さんの割合が、相対的に高くなっているともいえます」

――泉南市では、確かに虐待通告が減ってきていますね。でも全国的には、児童相談所だけでなく市町村の虐待対応件数も急増しています。では泉南市で通告が減少しているのはなぜか、何か理由があるのであれば、是非とも知りたかったんですが……。

「実は、年間300件ぐらい、発達支援をやっています。それが、通告件数と関係しているかもしれません」

――といいますと？

「保護者も、『虐待通告があって来ました』と言えば、もうそれだけで拒否的になりますでしょ。でも、『この子、なんで言うこと聞いてくれへんのかな』と言って入っていけば、乗り気になってくれます」

――ええ。

「それで、虐待に至る前の段階でも相談できるようにと、『発達支援相談票』を作ったんです」

――あっ、「マニュアルⅡ」にも参考資料として載っていますね。ここには、欄外に「必ず、校園所内で検討し所属長名で提出してください」と書かれています。ということは、虐待通告以前の段階で、所属機関が積極的に相談するよう促している？

「やはり、発達支援が必要なお子さんが多いのでねえ」

「それに、保護者も相談しやすい。これまでだと先生が、『集団の中で、この子がいてるからこんなんです』って親に電話して、親が『あんたのせいで怒られたやん』みたいな形で子どもを叱ることがあった。でも、発達支援相

談票によって、親と一緒にうちに相談に来てもらえるので、やっぱりすごく効果が大きかったですね」

　この点を如実に示しているのが、泉南市における相談種別別児童相談対応件数であろう（図7）。相談全体に占める「言語発達障害等相談」の割合が非常に高い。参考に示した全国の相談種別別対応件数（図8）と比較すれば、その差は歴然としている。

　具体的に見てみよう。泉南市における言語発達障害等相談は、他を大きく引き離して、過半数を占めている（2013年度の場合55.9％）。全国的に見れば、障害相談総数で見ても、その割合は全体の10.9％と1割程度にすぎず、言語発達障害等相談に限れば、4.7％にとどまっている。他方、全国の状況を見ると最も多いのは、児童虐待相談で、24.3％となっているのに対して、泉南市では、14.1％（2013年度）と全国平均の半分に満たない。この点について尋ねてみた。

──相談種別でいうと、「言語発達障害等相談」が圧倒的に多いのですが、これは？

「統計分類上では、『発達障害』っていうくくりがないので、その疑いのある子どもさんは『言語発達障害等相談』に入れてるんです」

──言葉の遅れが感じられて、親御さんも少し困っている、その段階で、もうつないでもらっている？

「そうです、そうです」

──1歳半健診や3歳児健診の精密健診的なイメージがあるんですが、経路別で見ると、学校からの相談が多いですよね。

「はい。本来は、乳幼児の時期にフォローしたかったようなお子さんが、援助に十分つながらないまま就学して、いきなり学校で困ってしまうといった例も多いかなと思います。実は今年から、保健師さんたちのカンファレンスに家庭児童相談室からも参加させてもらうようにしました。そうしますと、保健師さんたちは、本当に1つ1つの事例を丁寧にカンファしていました。ただ、それを次にどこへつなぐかというところで止まっているケースもありました」

3．大阪府泉南市の取り組み　　**117**

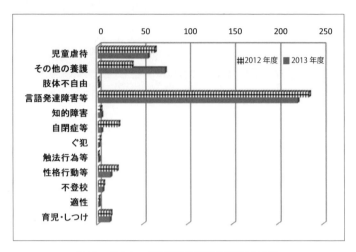

図7　泉南市・相談種別別児童相談対応件数

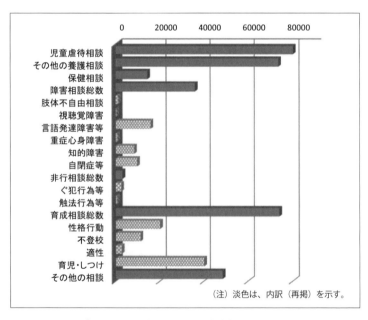

図8　全国・種別別市町村児童相談対応件数（2013年度）

——発達にそれだけウェイトを置いて、発達支援中心にシフトしてきたっていうのは……。

「分析の結果、発達支援の必要なお子さんが多いということもありましたし、その中に子育てで困っておられる方が多いことも感じていた。じゃあ具体的にはどうかかわればいいのかっていうのを見つけていくっていう形ですね」

　泉南市が、（ミニ児童相談所化するのではなく）市として独自の相談活動、虐待の未然防止活動として位置づけたのが、要発達支援とされる子どもたちへの援助であったように思う。要発達支援という面に注意を向けたのは、相談援助活動の中でそうした児童の多さを実感したという側面もあったが、それらを分析して、数値的にもその必要性を明示した点も、重要な取り組みだったのではないかと感じられた。とはいえ、それだけでこうした取り組みが進むわけではなく、「発達支援相談票」を用いるという具体策が功を奏したものといえよう。なお、こうした「発達支援相談票」を有効に活用するためには、すでに述べたように、市内のすべての学校や保育所、幼稚園を巡回するという取り組みがあってこそと考えられる。その意味では、ここまで述べてきたことが、様々な形で有機的に結びついているという視点で、泉南市の取り組みを見ていく必要があると感じられた。


## 4……泉南市の取り組みの課題

　最後に、今後の課題について、どのように考えているかを尋ねた。事前アンケートには、「実務者の交代により、支援方針が変わりなく提供できるようにシステムを構築化すること」があげられていた。

——そろそろ時間がなくなってきました。最後に、これから取り組まなければいけないテーマですとか、今、こんなことが課題だと思っているようなことはありますでしょうか？

「システムとしては、今まで作り上げたものが成熟していっている時期やと思います。ただ、虐待の性質が変わっているというのか、拡大しているというか……」

3．大阪府泉南市の取り組み　　**119**

——はい。

「最初は、やはり身体的虐待がすごく多かったんですが、若年妊娠を含めた特定妊婦であったり、精神的な問題を抱えている保護者ですとか、同じ虐待といっても幅が広がってきた。単純な虐待ではなくなって、内容も複雑化していってますので……」

「育てにくさが大きな原因っていうのでしょうか。そうしたことを根本的に解決していくのは、やはり育てやすい環境をどれだけ作れるかっていうことだと思うんです」

——なるほど。ところで、市の相談体制としては、順調に来ていると考えてよいのでしょうか。

「そうですね。ここまで作り上げてきて、順調だとは思いますけれど、でも、人が代わっても、世代が変わっても、これを変わらずに引き継いでいく必要があります。その点をどのようにうまく回していくか、それが課題かなと思います」

——ありがとうございました。最後に、現在多くの市町村がこうして援助活動を行っています。同じ仲間として、他の市町村の方々に伝えたいことってありますでしょうか？

「おかげさまで、講師で呼んでもらうことがあるんですけど、最初に話すことは、『みなさんは、自分の市のことをどれだけわかっていますか？』ってことなんです。やはり、自分のところの強みをベースに築き上げていくことが大切だと言います。私たちのところは、発達支援を中心に進めているけれど、それぞれのところで違うってことも言います。うちの発達支援のシステムを他所でもしなさいということではない。それって、無理な話なんでね」

——そうですよね。市町村はそれぞれ特徴が違うので、もう、本当に自分たちが何するか考えるようになること、それが一番なんでしょうね。

「とはいうものの、私たちは最初、泉大津の取り組みを聞かせていただいて。結構勉強させてもらいました」

「他市の実情を知って、でも、自分たちのところは何ができるのかを振り返る、それがスタート。うちは泉南市。あくまでも泉南市民のためですからね」

# 5……まとめ

　泉南市の児童家庭相談では、虐待通告受理件数が減少しており、児童相談全体に占める割合も、全国平均より少ない。また、児童相談所への送致件数も過去2年間は0件であった。他方、相談全体に占める「言語発達障害等相談」が、全国的傾向と大きく異なって過半数を占めるなどの特徴があった。

　また、相談体制では、要保護児童対策地域協議会の調整機関を児童相談部門に置きながら、母子保健や教育関係部署も運営調整事務局に参加して、いわば共同で運営する体制になっており、また、人口6万人余の自治体規模で、協議会に4つの部会を設けているなどの特徴があった。

　また、児童相談所との関係では、基本的に援助要請を行わず、児童相談所と共通のアセスメントシートを用いて対等の関係で意見交換をするような関係を築き、虐待対策に関しては、むしろ予防に力を入れて、虐待発生前の段階で、関係諸機関から「発達支援相談票」を提出してもらい、家族や子どもに援助をしていく取り組みをしていた。

　これらのベースには、市として自分たちの現状を自らが分析し、それに見合った施策を考え、実行している主体的な姿勢があったが、それを保障する体制として、児童相談部門にいる職員がそれぞれ専門職（有資格者）であること、勤務経験も比較的長いことなどがあった。

　今後の課題としてあげられていたことは、こうして作り上げてきている相談体制を、次の時代にいかに引き継ぐことができるかということであった。

# 現在の相談体制の状況について

泉南市健康福祉部保育子育て支援課家庭児童相談室
（元）泉南市家庭児童相談室相談員　阪本　好美
（元）泉南市健康福祉部主幹　子どもの森（療育支援アドバイザー）西岡　光代

　泉南市は、2010年に要保護児童対策地域協議会を「泉南市子どもを守る地域ネットワーク」に再編し、現在は「子ども虐待防止部会」「教育支援部会」「子育て支援部会」「発達支援部会」の4部会の構成で子ども虐待の未然防止と早期発見に努めています。

　泉南市の取り組みの特色としては、発達支援を中心に虐待の未然防止を強化しているという点です。過去の虐待ケースの洗い直しから被虐待児の多くに何らかの発達支援が必要ということがわかり、保護者の育てにくさに着目し支援体制を整えてきました。

　「しつけ」と称し子どもへの暴言・暴力を正当化しようとする保護者の「なぜだろう？」「なぜ何度言っても理解できないんだろう？」という子育てのしんどさに寄り添い、保護者とともに子どもの現状を理解し子どもへの適切なかかわりを学ぶことを大切にしてきました。そのために、まず相談窓口の一元化として児童発達支援センターの機能を持つ「子ども総合支援センター」を2015年に設立しました。「発達支援相談票システム」を構築し、保護者・教職員から今困っていることを相談票に記入してもらい、それを子ども総合支援センターで集約して担当者の面談と子どもの行動観察を行い、子どもにどうかかわればいいのかをともに考えていきました。

　発達の課題について担任から保護者に伝えることでトラブルになるケースも少なくない中、「この相談票で相談できるよ」という声かけで発達支援につながり、現場の負担が減るというメリットがあります。虐待の対応ではなかなか心を開いてくれない保護者も、発達支援という切り口から相談員との面談の中で不適切な養育に気づき、かかわりを学ぶ機会となります。相談員は教育相談員、家庭児童相談員、子ども総合支援センター発達相談員に加え、子ども総合支援センター職員が発達検査研修や発達支援研修を受講しスキルアップに努めました。

　子どもの現状を客観的な視点でアセスメントし保護者に伝えることにより、言葉だけでは伝わらないこと、表情の読み取りが難しいこと、一度に

たくさん伝えても記憶にとどめることは難しいこと等、ひとつひとつ丁寧に伝え、子どもの特性を見つめ将来に希望が持てるよう寄り添うことを大切にしてきました。

子ども総合支援センターの設立や虐待対応や発達支援のシステム構築のために、家庭児童相談員と子ども総合支援センターの職員の人事交流等、柔軟な行政の対応の中で事業展開ができた点も特筆に値します。

現在の課題としては、今まで中心となってきた職員の退職等を見据え、発達支援や虐待対応をどうスムーズにつないでいくのかという点があります。発達検査等については、療育担当保育士が何年かかけて経験を積み、特別支援教育士の資格を取得しました。検査のできる職員の育成と、相談支援専門員研修にも積極的に参加し資格を取得することで、将来を見据えた支援計画の作成ができる人材を増やしました。

虐待対応については、NPO法人ちゃいるどネット大阪の「養育困難家庭への支援研究プロジェクト」に参加し、保護者対応を含めた支援のあり方を継続して学んでいます。また、2か月に1回開催している子育て支援部会の養育支援会議では、それぞれの機関で抱えている養育困難家庭の事例検討会で、ちゃいるどネット大阪の研究プロジェクト参加者で作成した「子どもを守るアセスメントシート」を使い、虐待の早期発見と対応についての学びを継続しています。これまでスキルアップ研修として、流通科学大学の加藤曜子先生にアセスメント力の向上を目指し「在宅アセスメント指標」を活用して、子どもの在籍機関や民生委員の方々に対する研修を5年間続けていただいたことを土台に、現在は養育支援会議に武庫川女子大学の倉石哲也先生に来ていただき、「子どもを守るアセスメントシート」を使った事例検討会を続けています。

子どもや保護者に寄り添い、しっかりと現状をアセスメントしながら支援方針を考えていく職員のスキルアップが、相談支援の充実と保護者の子ども理解につながり、虐待の未然防止の取り組みを進めていくと考えています。現在、地域子ども家庭総合支援拠点設置準備事業として行政職員や看護師・家庭訪問員の配置により、業務の細分化と充実を図っています。

今まで積み重ねてきたものに、これからまた新たな指導者の育成とともに子どもを取り巻く人々の意識を統一し、泉南市で虐待による死亡事例を出さないために日々の支援を大切にしたいと考えています。

# 4.
# 大阪市西成区の取り組み

——民間団体を中心とした濃密なネットワーク形成

川松 亮

西成区は市区町村ヒアリングで欠かせない自治体だと考えていた。なぜなら地域で親子を見守る活動が、以前から熱心に行われていると聞いていたからである。その中心の1つが、「こどもの里」という民間団体である。釜ヶ崎で暮らす子どもたちを支援する、地域に根差した幅広い取り組みを展開している団体であり、2016年には「さとにきたらええやん」というドキュメンタリー映画でも注目された。民間団体の取り組みと行政がどのように連動しているのかにも興味があった。ヒアリングは、西成区保健福祉課子育て支援担当のお二人からお話を伺った。


## 1……西成区の概要

### a）西成区の地勢

西成区は大阪市のやや南西部に位置している。古くは大阪と堺を結ぶ街道が通っており、豊臣秀吉がこの地で茶を楽しんだという故事から、天下茶屋という地名も残っている。

区内には幹線道路やJR・私鉄・地下鉄が通り交通の便が良い。人口密度が高く、商工業の町、庶民的な町として発展してきた。

区内の「あいりん（愛隣）」と呼ばれる地域には簡易宿泊所（ドヤ）が集中し、日雇い労働者が多く居住するが、近年では海外からのバックパッカーの宿泊先としても人気のある地域である。交通の便が良いことや日本橋電気街

が徒歩圏内にあることもその理由とされている。この地域の中に、釜ヶ崎とも呼ばれる所がある。

### b）西成区の人口と社会状況

西成区の人口は11万925人（2016年10月1日現在）である。1960年の21万4652人をピークとして、年々減少している。西成区の特徴は、女性に対する男性の人口比率が高いことである。2016年10月1日現在の

図1　大阪市西成区の位置

データで見ると、男性6万4084人、女性4万6841人であり、女性を100とする男性の比率は136.8となる。なお、大阪市全体で見ると女性の方が男性を上回っている。釜ヶ崎と呼ばれる地域を中心に、日雇い労働者が多く居住することが影響しているのだろう。

西成区は人口密度が高い地域でもある。1平方キロメートルあたり、大阪市全体では1万1998人であるが、西成区では1万5058人となっている（以上、西成区ホームページ「区の統計」から）。

西成区の特徴には、高齢者比率の高さもあげられる。2015年の65歳以上人口の比率は38.3％となっており、大阪市全体の24.9％を大きく上回り24区中で最も高い。また、生活保護世帯としての保護率は34.8％であり、市全体の8.5％をはるかに上回り24区中で最も高い（以上、西成区役所総務課「数字で見る西成区」から）。実に3世帯に1世帯が生活保護を受給していることになる。現在は日雇い労働者の仕事が少なくなっており、またその高齢化に伴い、高齢者が単身で生活保護を受ける事例が多いのだとヒアリングでは語られた。

西成区はいろいろな人が安心して住める、多様な人を受け入れるといった土地柄であるようだ。「みんな受け止めるよ」「うちに来たらいいやん」という雰囲気があるのだとヒアリングでは述べられた。そういう懐の深さがあっ

て、西成区に行けば援助を受けられると他の自治体から移ってくる人が多いのであろう。

　なお、人口を年齢3区分で見てみると、15歳未満人口（年少人口）は7730人、総人口に占める割合は7.3％と低い（西成区役所総務課「平成27年国勢調査 大阪市西成区の概要」から）。老年人口と対比して年少人口の少なさが際立っている。

## 2……西成区の子ども家庭相談の仕組み

### a）西成区の組織構成

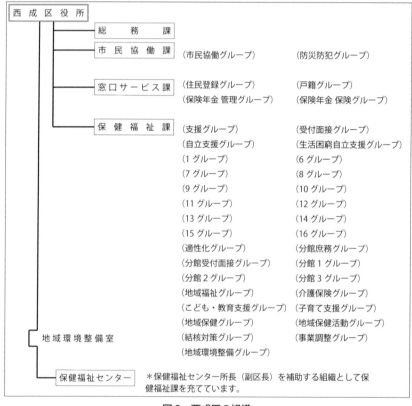

**図2　西成区の組織**
（西成区ホームページをもとに作成）

西成区役所の組織図を図2に示す。

　区役所の保健福祉課の中に、こども・教育支援グループ、子育て支援グループがあり、このグループを合わせて「子育て支援担当」と通称されている。同じ課には生活保護担当（すべてで16グループ）、母子保健担当も含まれており、総勢では343人の職員を擁している。

　子育て支援担当には27人が所属しており、その業務範囲には児童相談だけではなく、保育、手当、医療助成、ひとり親家庭支援、青少年健全育成などまで含まれる。この中で子育て支援グループが児童虐待防止関連業務を担っており、課長代理以下8人が所属している。子育て支援グループはDV対応もまた兼務している。8人の中には保育士が2人おり、また非常勤の家庭児童相談員が2人いて子育て支援を担っている。子育て支援グループに要保護児童対策地域協議会の調整機関が置かれている。

　子育て支援担当は課としての位置づけをされており、担当課長は教育委員会と兼務しているところに特徴があった。教育委員会との兼務職員は担当課長を含めて3人いる。

　教育委員会との兼務職員が配置されている理由として、学校選択制の申し込み受け付けを子育て支援担当が担っていることや、発達障がいのサポート事業も担当していると説明があった。さらに、2014年から「西成まなび塾」の取り組みを所管していることも特徴である。これは学力向上の目的から、中学生を対象とした放課後の学習支援の場として3か所で週2回ずつ実施しているもので、塾を経営する会社に委託しているとのことだった。2016年度からは、小学校3〜4年生を対象とした「ジャガピースクール」も実施している（ジャガピーとは西成区のマスコットキャラクターで、「西」の字がじゃがいもに似ていることから、公募で子どもがつけた名前だとのこと）。小学校ごとに、土曜日や放課後、夏休みなどを利用して、塾を経営している会社が入って実施している。こうした事業を子育て支援担当が所管していることは、福祉と教育をつなぐ取り組みの1つになるのだろう。

　西成区内には中学校が6校ある。子育て支援グループの8人で6中学校区を分担して担当している。子育て支援グループでは月2回支援会議を行い、

事例の検討を行っている。支援会議には保健部門も参加しており、特定妊婦に関する協議も行っているとのことであった。

### b) 児童相談所との関係

西成区を管轄する児童相談所は大阪市こども相談センターである。2015年度に西成区から児童相談所に援助要請または送致した件数は、それぞれ8件、3件であった。

児童相談所と区との事例担当の区分関係は、区が受けた事例は基本的には区がかかわるものの、区の権限でどうにもならない事例については児童相談所が動くという役割分担になっているとのことであった。どちらが担当するかをめぐって思いどおりにならないこともあるようだが、相手側が動かない場合はこちらで動いていると述べられた。どちらかの機関に通報が入れば、まずは通報を受けた方が動くことは共通認識だとのことであった。

そのうえで、区が対応した場合も緊急性を要すると考えれば児童相談所に連絡しており、場合によっては先に対応の仕方を聞いておいてから確認に出かけるということもあるとのことであった。会議の調整や児童相談所からの調査依頼もあり、ほぼ毎日電話をし合っている関係だと述べられた。なお、児童相談所と区との間での人事異動もあるようだ。

大阪市では24区と児童相談所がシステム端末でつながっているそうである。ただ、他区の事例については、履歴を見ることはできるが記録を記入することはできないとのことであった。不十分とはいえ、全市の事例情報を得るうえで有効なツールであろう。

### c) 子育て支援の取り組み

近年発達障がいに関する相談が多いため、大阪市発達障がい者支援センター（エルムおおさか）と共催で講座を実施している。また、虐待予防の観点から保護者対象に「おこらない子育て講座」を実施している。

「居住実態が把握できない児童」の課題に対しては、「居所不明児童連絡会」が設置されており、2015年度には25件が取り扱われた。入国管理局へ

の調査で出国が確認できた事例がほとんどであった。

　未熟児・新生児訪問指導等で子育て支援が必要と判断された事例には、週1回助産師を派遣する「専門的家庭訪問事業」を実施している。また、軽度の虐待等家庭養育上の問題を抱える家庭や虐待のおそれのある家庭に、子ども家庭支援員を派遣し、情緒的支援を行う家庭訪問事業も実施しており、2015年度の派遣数は241回であった。さらに、出産後おおむね1年以内の虐待のおそれやリスクのある家庭に有償ボランティアを派遣して、食事や身の回りの世話、掃除や買い物など家事援助を行う「エンゼルサポーター派遣事業」も実施している。この3つの派遣事業は、いずれも要保護児童対策地域協議会で必要と判断した事例に対して行われている。

　以上のように、多様な子育て支援事業を子育て支援担当において取り組んでいる。


# 3……西成区の子ども虐待対応の状況

　西成区子育て支援グループの相談件数は表1のとおりである。2015年度においては、総数が705件となっている。ここ数年の推移を見ると、虐待相談件数の減少と虐待以外の養護相談の件数増が目立っている。全体の相談件数は減少している。

　養護相談が増えたことに関して、ヒアリングでの説明では、虐待事例の見直しを行った結果で養護相談に切り替えた事例が多いとのことであった。例

**表1　西成区児童相談・検討　種類別受付件数**

| 種別 | 2012年度 | 2013年度 | 2014年度 | 2015年度 |
|---|---|---|---|---|
| 児童虐待相談 | 354 | 372 | 298 | 263 |
| 虐待以外の養護相談 | 9 | 149 | 245 | 300 |
| 障がい相談 | 89 | 95 | 37 | 30 |
| 非行相談 | 22 | 16 | 13 | 9 |
| 育成相談 | 146 | 143 | 97 | 89 |
| その他の相談 | 113 | 103 | 31 | 14 |
| 計 | 733 | 878 | 721 | 705 |

表2　西成区児童虐待相談・検討　種類別受付件数

|  | 計 | 身体的虐待 | ネグレクト | 心理的虐待 | 性的虐待 |
|---|---|---|---|---|---|
| 2012年度 | 354 | 104 | 223 | 25 | 2 |
| 2013年度 | 372 | 120 | 212 | 39 | 1 |
| 2014年度 | 298 | 83 | 155 | 59 | 1 |
| 2015年度 | 263 | 86 | 107 | 69 | 1 |

えばネグレクトケースだったものが、関係機関の支援や子ども自身の成長によって状況が良くなった事例とか、あるいは保護者の精神疾患がある家庭で、子どもが成長した結果、日常生活上の支障が軽減された事例など、家庭環境の問題ととらえて養護相談に移行させている事例もあると説明があった。

次に、西成区の児童虐待相談・検討の種類別受付件数は表2のとおりである。

2015年度においてはネグレクトが41％と最も多く、次に身体的虐待が33％となっている。年度の推移をみると、虐待件数全体が減少しているが、とりわけネグレクトが大きく減少している。一方で、心理的虐待は増加している。ヒアリングでの説明によると、心理的虐待はほとんどDV関連の警察からの連絡とのことだった。警察が取り扱った夫婦間のもめごとの中で子どもがいれば連絡があり、家族構成や区のかかわりを確認されるので、その分が計上されていると説明があった。警察から照会があれば下調べをし、回答したことを記録に残すので、それが計上される。したがって、直接的な虐待ではない事例や軽い親子げんかの延長ととらえられるような事例も含まれているとのことであった。

あいりん地域では、他自治体から転入してきた家庭で、いろいろな機関から相談が入る事例がある。そういう場合は、子育て支援担当が出かけていき、家族から転入の経緯などを聴いて、その家庭に必要な公的支援の案内や区内の施設を紹介して、転入された家族が孤立することのないようにかかわっていくとのことであった。乳幼児であれば保健師と同行訪問し、学齢児であれば学校はどうしているのかと聞くなど、その家族構成に合うように、訪問してニーズを確認していると説明があった。

## 4……西成区のネットワークの仕組み

### a）西成区における要保護児童対策地域協議会の歴史

　西成区の要保護児童対策地域協議会（以下、協議会）は大阪市内の他の区とは大きく異なる仕組みを持っている。なお、本節の記載は、荘保共子「要保護児童対策地域協議会をベースとした大阪・西成区のネットワークづくり」（松本伊智朗他編『子どもの貧困ハンドブック』（かもがわ出版、2016年）をもとにした。

### ア．あいりん子ども連絡会

　1995年にあいりん地区（釜ヶ崎）の今宮中学校の区域で、子どもにかかわる機関や施設職員によるネットワークが発足した。それぞれがかかわる子どもの状況を報告し、援助計画を作成して問題解決に向けてそれぞれの特性を生かした支援を行った。必要に応じて個別のケース会議が開催された。月1回開催される民間主導の会議は、現在に至るまで20年以上継続されている。現在では、行政主催の会議の後で連絡会が持たれており、子育て支援担当はオブザーバーとして参加している。もともとは今宮中学校区内にある「こどもの里」の利用者（他地域に居住している子どもも含む）に関する連絡会という性格を持っていた。子どもが成人するまで見守ろうとする姿勢を持って取り組まれてきた。この連絡会が西成区の協議会の原型になっているといえる。

### イ．学校ケース会議

　一部の学校では子どもの問題の背景にある困難を解決しようと、教師が家庭訪問等を繰り返す取り組みが行われてきた。しかし学校の力だけでは問題を解決できないため、地域の力を借りて解決に向けた具体策を検討しようと、1996年に学校ケース会議が開始された。この学校主導の支援の取り組みが、現在の西成区における中学校区別の会議に発展したといえる。

図3　わが町にしなり子育てネットのチラシ（表）

ウ．わが町にしなり子育てネット

　子育てに悩む親たちが気軽に相談し合える仲間づくりと気兼ねなく集える場づくりをめざし、2000年5月に区内の子育てサークルや施設、行政など38団体が集まって、「わが町にしなり子育てネット」が誕生した。「孤立し排除される子どもや保護者をなくす」ことを使命として、子育て支援事業や虐待防止啓発活動を開始したのである。

　わが町にしなり子育てネットの紹介パンフレットを図3、図4に示す。

　現在では72の団体が参加し、区も1つの機関としてこのネットに参加している。パンフレットを見るとわかるように、情報提供から直接の支援まで幅広い取り組みが行われている。ヒアリングでのお話によると、「例えばヘルパーさんを入れられないような家庭に送迎を支援したりとか、見守りしてお母さんの話を聴いたりとか、幅広い支援をされている」とのことであった。ヒアリング当日は、ちょうどこのネットが開催する運動会が行われている日で、体育館に多くの人が集まっていると話があった。

図4　わが町にしなり子育てネットのチラシ（裏）

　西成区にはこうした民間主導の地域の子育てネットワークが根づいており、その上に虐待防止のネットワークが構築されてきていることがよくわかる。

エ．西成区児童虐待防止・子育て支援連絡会議

　2000年には、行政レベルの児童虐待防止連絡会議も始動した。その際にわが町にしなり子育てネットは、「児童虐待防止は、視点を子育て支援にまで広げて進めないと真の効果は得られない」と訴えるとともに、会議はあいりん子ども連絡会のように子どもの顔が見える小地域（中学校区）ごとに行う必要があると提案し取り入れられた。こうして現在の「西成区児童虐待防止・子育て支援連絡会議」が、民間のネットワークとの両輪で2002年12月に発足した。

　中学校区別の実務者会議は、当初3つの中学校区で先行して実施されていたが、2005年には全6中学校区に地域別ケア会議が設置され、2006年には同連絡会議が児童福祉法上の要保護児童対策地域協議会として位置づけられた。

## b）協議会の会議構成

　西成区の協議会は3層で構成されているが、特筆されるのは実務者会議が中学校区別に毎月開催されていることである。既述のようにその歴史は長い。これに対して大阪市内の他の区では、おおむね区に1つの実務者会議であり、開催は3か月に1回が一般的とのことであった。

　2015年度の会議開催数は、代表者会議が1回、実務者会議が67回、個別ケース検討会議が57回であった。

## c）児童等地域別ケア会議

　実務者会議は「児童等地域別ケア会議」と呼ばれており、既述のように6つの中学校区ごとに毎月開催されている。ただ、8月には学校が夏休みで情報が少ないため、1校区のみの開催としているようである。各地域とも構成機関は多く、6地区の平均出席人数は20.2人〜29.2人となっている。各地域での検討事例件数は、ひと月あたり平均件数が30.8件〜81.7件と開きはあるものの、多くの事例を検討していることがわかる。開催時間が4時間という地域や、夜の18時〜21時に開催している地域もあることに驚かされた。

　各回の発言はテープを起こして議事録を作成し、次回に提出しているとのことである。これが毎月なのだから、子育て支援グループの職員の労力は並大抵ではないと思われる。この記録は、支援している家庭が転居した際の転出先自治体への移管にも活用しているとのことであった。

　さらに特筆されるのは、児童等地域別ケア会議に外部のスーパーバイザーを入れていることである。大阪のNPO法人「児童虐待防止協会」から招いており、6地区にそれぞれ3か月に1回ずつ、区全体としては月あたり2回、スーパーバイザーが校区巡回型で参加していることになる。このスーパーバイザーについては、大阪市のすべての区に児童虐待防止協会から派遣されているということであり、地域での事例検討を効果的にするうえで重要な取り組みであろう。

　ところで、児童等地域別ケア会議で検討する件数は、6地区を合わせると毎月平均約350ケースになる。人口が約11万人であることを考え合わせると、

件数が多いといえよう。この点についてヒアリングでは、他の区ではあげないような養育支援が必要な事例でも協議会にあげていると述べられた。西成区では民間団体を中心に子育て支援の取り組みを重視してきたが、その伝統もあり幅広く事例を取り上げて支援を検討しているものと思われる。事例数が多いことで、資料等の準備をする調整機関にとっては事務負担が大きいが、それだけきめ細かく地域で支援することにつながっていると考えられる。

### d） 地域支援システム

西成区では福祉全体の地域支援システムが構築されつつある。その中では、「児童虐待防止・子育て支援連絡会議」と「ひとり親家庭自立支援調整委員会」の2つをあわせて、「西成区子育て支援専門部会」とされている。さらに、地域支援システムの専門部会設置要綱の中の1章が、要保護児童対策地域協議会の規定となっている。なお、中学校区で開催している「児童等地域別ケア会議」については、別途運営規定が設けられている。

区の地域支援システムは「西成区地域支援調整チーム」のもとで、子育て支援専門部会はその組織の1つの部会となっている。他の部会は障がい者の支援に関する部会と高齢者の支援に関する部会である。

このように、高齢者・障がい者・子どもの3領域を包含する地域支援が構想されているところに、西成区の大きな特徴があろう。ヒアリングの中では、さらに進んだ検討がなされていることが述べられており、高齢・障がい・子どもの枠を超えて、地域ごとにケア会議が一緒にできるようになるとよいと考えているとのことであった。その際の課題として、子どもについては6中学校区で実施しているが、高齢者の地域ケア会議は4つの地域包括支援センターごとに開催しているとのことで、この地域割りの課題があるとのことであった。

西成区では、2016年3月に「西成区地域福祉ビジョン」を策定しているが、これは地域の実情に応じて主体的に地域福祉の取り組みを推進すべく、区民、団体、事業者、行政機関等が協力して地域福祉の向上を目指すこととされている。このビジョンでは、「地域支援調整チーム」をさらに発展させること

4．大阪市西成区の取り組み　　**135**

が模索されている。

　高齢者・障がい者・子どもの領域を超えた、大きな枠組みで家族を支援するシステム構築の取り組みとして今後の展開に注目したい。


## 5……西成区の取り組みの特徴と課題

### a) 民間主導のネットワークと行政のタイアップ

　西成区では、「あいりん子ども連絡会」「わが町にしなり子育てネットワーク」といった民間団体が主導する支援ネットワークが長く継続されてきており、行政の要保護児童対策地域協議会はそれらのネットワークと連動する形で構築されてきている。他の自治体ではなかなか見られない特徴のある取り組みだといえよう。そもそも地域の方たちは長く子どもや家庭にかかわれる。民間団体の持つ即応性や融通性もある。そうした民間団体の利点と相互補完する形で協議会が成立している。民間団体のパワーに行政側が押される面もあると思われるが、協議会はそのパワーによって支えられているともいえる。大変強力で、かつきめの細かいネットワークが構築されていると評価できよう。厳しい生活を強いられる住民を地域で支えようとしてきた西成区の民間活動の熱意が創り出してきたものであろう。


### b) 中学校区での実務者会議

　区内全6中学校区において、「児童等地域別ケア会議」が実施されている。しかも毎月開催されている。参加機関数が多く、取り上げる事例数も多い。夜間開催する地域があるなど、参加者にとっての参加のしやすさも考慮されている。この会議もまた、民間団体が主導してきた歴史が生み出してきたものである。また、学校が子どもの生活上の問題に関与しようとする意識の高さも特徴である。この会議が、小エリアできめ細かい支援を創出していく要になっていると思われる。

　会議の議事録を子育て支援グループでその都度作成し、次回に提出するという労力をかけておられることは刮目に値する。


**136**　　第2部　先進自治体の取り組み事例

## c) スーパーバイザーの派遣

児童等地域別ケア会議には、NPO法人児童虐待防止協会からのスーパーバイザーが、各校区年3回ずつ派遣されている。その結果、的確な分析やアドバイスが受けられ、会議の議論に方向性を示す効果が生まれていた。関係機関からも好評であるとのことである。実務者会議数が多いため、派遣には苦労もあると思われるが、会議の実効性を高める方策として有効であろう。

## d) 地域支援システム

家族には子どもの問題だけではなく、介護の必要な高齢者や障がい者を抱えている場合もあるなど、複合的な課題が存在する。そうした家族の問題を地域で受け止め支えようとする地域福祉の考え方から、西成区ではそれらの領域を超える地域支援システムが検討されている。検討はまだこれからという段階のようであるが、今後の展開に注目したい。

## e) 課題

課題としてあげられるのは、件数の多さである。中学校区で実務者会議を行うという小エリア化を図っていても、実際の検討事例数は多い。心配な事例は共有しようという共通認識が醸成されていることが背景にあるのであろう。そのため窮余の策として、施設入所事例を進行管理事例から児童相談所見守りにいったん移行する取り扱いを始めたと説明があった。しかし施設入所事例も帰宅外泊があったり、いずれ家庭復帰も想定されることを考えると、地域における関与を切ることは適切とはいえない。

今後の検討課題としては、事例の終結の基準を整備して進行管理事例を減らすことで、重要な事例の検討時間を確保していくことが必要と考えられる。会議参加者からは、地域をさらに分割して、小学校区での会議を開催してほしいという声もあるとのことであった。それも1つの方向性であるが、今でも大変な子育て支援グループの業務負担を考えると、すぐには進めにくいだろう。子育て支援グループの人員配置の充実もあわせて検討する必要があると思われる。

4．大阪市西成区の取り組み　**137**

## 6……まとめ

　大阪市西成区では、地域で暮らす親子が抱える困難に寄り添いながら、民間団体を中心とした長い支援の歴史があった。そのうえで、行政のネットワークもそれと連動する形で構築されてきていた。また、協議会の実務者会議を中学校区別に毎月開催するという熱心な取り組みが継続されており、きめの細かい地域の支援が構築されていた。他の自治体ですぐに取り入れることは難しいかもしれないが、こうした取り組みを継続できていることは大きな希望だと感じる。西成区ではさらに飛躍した地域支援のシステムも構想されていた。地域の課題を身近な地域の住民・民間団体・行政の協働によって解決するモデルとして、今後の取り組みに引き続き注目していきたい。

# 現在の相談体制の状況について

大阪市西成区役所 保健福祉課 子育て支援担当課長代理　木岡 剛

## 1. 大阪市の児童相談体制

　大阪市におきましては、2か所のこども相談センター（児童相談所）と各区役所の子育て支援グループ（24区役所）で、子どもに関する相談を受け付けています。

## 2. 大阪市こども相談センター（児童相談所）

　大阪市には、大阪市こども相談センター（中央区森ノ宮）と大阪市南部こども相談センター（平野区喜連西）の2か所があり、交通の便を考慮して、それぞれ20区と4区を所管しています。西成区は大阪市こども相談センターの所管となっています。

## 3. 区役所　子育て支援グループ（24区役所）

　各区の子育て支援グループには、担当課長代理（課長の区もある）1名、こども相談担当係長（保育士）1名、虐待対応担当係長（DV対応含む）1名、1〜数名の係員及び1〜4名の家庭児童相談員で構成されています。必要に応じて自区の予算を投入して、非常勤のスクールソーシャルワーカーや心理士などを配置している区もあります。

## 4. 西成区役所　保健福祉課　子育て支援担当　子育て支援グループ

　西成区においては、子育て支援担当課長代理1名、こども相談担当係長1名、虐待対応担当係長1名、係員3名及び家庭児童相談員2名の計8名（うち保育士2名）で相談業務にあたっています。また、保健師や心理士との連携を図るため、毎月2回地域保健活動グループと連絡会議を開催し、特に気になる妊産婦や就学前の子どもの情報を共有し、対象者から相談等があれば連絡し合うようにしています。さらに、西成区要保護児童対策地域協議会の調整機関も担っており、大阪市こども相談センターや西成警察署とも連携して、情報の共有を図り相談内容の解決に取り組んでいます。

## 5. 西成区役所　子育て支援グループにおける相談の内容及び件数

　当区の子育て支援グループで受け付けた年度ごとの相談内容と件数は、次のとおりです。

表　西成区児童相談・検討　種類別受付件数

| 種別 | 2016 年度 | 2017 年度 |
|---|---|---|
| 児童虐待相談 | 301 | 287 |
| 虐待以外の養護相談 | 278 | 313 |
| 障がい相談 | 36 | 34 |
| 非行相談 | 11 | 6 |
| 育成相談 | 97 | 75 |
| その他の相談 | 33 | 36 |
| 計 | 756 | 751 |

## 6. 今後の相談支援体制

　これまで高齢者、障がい者及び子育て（児童・ひとり親）の福祉分野別で専門的な取り組みを行ってきましたが、複合的な課題を抱える人への支援においては、縦割りの仕組みが障壁となっていました。今後は相談支援機関がそれぞれの分野を越えて連携する相談支援体制の構築と仕組みの定着を目指していきます。

# 5. 千葉県八千代市の取り組み

――ランクづけによる進行管理と進行管理会議の工夫

安部 計彦

## 1……八千代市の概要

### a) 一般的特徴

　千葉県八千代市は首都30キロ圏の位置と交通の便、自然環境の良さから首都圏のベッドタウンとして急激に発展してきた。

図1　千葉県八千代市の位置

1950年代後半から1980年代前半に4か所の中高層の住宅団地が相次いで建設され、現在同地域では、世帯の高齢化等が指摘されている。一方、農業が盛んで田畑が混在していたり、1996年に都心と直結した東葉高速鉄道の駅周辺は高層マンションが林立していたり、旧街道筋を包摂していたりするなど、地域に多様性がある（市のホームページより）。

### b) 人口構成

　八千代市は世帯数も人口も増加が続いており、2013年で約8

万2000世帯、19万3000人である。また同年の高齢化率は21.9％で、2013年の全国平均の25.1％を大きく下回り、若い世代の居住が多い。

### c) 産業や経済状況

　八千代市の2012年産業別従業員数は総数約5万7000人のうち、卸小売業が約1万2000人（21.0％）、医療・福祉が約9000人（15.8％）、製造業も約9000人（15.4％）、宿泊・飲食業約6000人（10.2％）である。全国平均に比べ、他の3分野は全国平均と同程度であるが、医療福祉分野は全国平均の9.6％より割合が高いのが特徴である（市のホームページ資料及び日本の統計2013（総務省統計局）より算出）。

### d) 家族の社会的指標

　出生数は2009年が1826人であったが、2013年は1584人と減少している。それでも出生は死亡数を上回っており、2013年で約220人の自然増になっている。

　生活保護は2008年度で975人（7.5‰）であったのが、2012年度は1398人（10.5‰）に増加している。しかし2013年度の全国平均である17.0‰より大幅に少ない。

　なお2012年度の児童手当支給人数は2万7936人であった（市のホームページ資料及び厚生労働省資料より引用）。

## 2……八千代市の子ども家庭相談の仕組み

### a) 市役所の組織

　八千代市の子ども家庭相談業務と要保護児童対策地域協議会の調整機関は、子ども部元気こども課の「子ども相談センター」が担当している。その組織と業務の概要は図2のとおりである。

142　第2部　先進自治体の取り組み事例

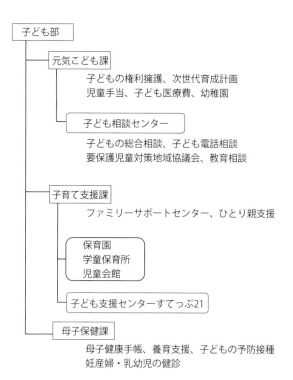

図2　八千代市役所内の組織図

b) 子ども相談センター

　子ども相談センターのスタッフは9人で、うち常勤職員は6人である。非常勤を含めて専門職は8人おり、その資格は重複を含んで、保育士、心理士、看護師、精神保健福祉士、児童福祉司任用資格、教員、社会福祉士、社会福祉主事である。当日のヒアリングに同席されていた方々の職種や保持資格、経験年数などは表1のとおりである。

　以前の家庭児童相談室の時代は非常勤3人の体制であったが、2005年度から子ども家庭相談が市町村業務になることを受けて、常勤の保健師を配置した。その後の機構改革にあわせて社会福祉士、教員を配置した。

表1　職員の職種、資格と在籍期間（ヒアリング参加者のみ）

| 職種、保持資格 | 現在の在籍期間 | おおむねのローテーション期間 |
|---|---|---|
| 看護師、精神保健福祉士 | 6年 | |
| 保育士 | 7年 | |
| 教員（市教委より派遣） | 2年 | 3〜4年 |
| 社会福祉主事 | 1年 | 4〜5年 |
| 家庭相談員（非常勤） | 10年 | |

表2　2013年度の相談件数

| 2013年度 | 虐待 | 養護 | 保健 | 障がい | 非行 | 性格行動・適性 | 不登校 | 育児・しつけ | その他 | 計 |
|---|---|---|---|---|---|---|---|---|---|---|
| 新規 | 254 | 80 | 9 | 8 | 4 | 52 | 23 | 42 | 11 | 483 |
| 前年継続 | 267 | 51 | 1 | 9 | 4 | 16 | 15 | 14 | 19 | 396 |
| 実件数 | 521 | 131 | 10 | 17 | 8 | 68 | 38 | 56 | 30 | 879 |
| 構成率 | 59.3% | 14.9% | 1.1% | 1.9% | 0.9% | 7.7% | 4.3% | 6.4% | 3.4% | 100% |

## c）子ども家庭相談

　子ども家庭相談の特徴としては、虐待相談が59.3％、養護相談14.9％、性格行動適性相談7.7％、育児しつけ相談6.4％で、不登校相談や障害相談、保健相談は別機関・部署で計上することが多いため、5％未満となっている（表2）。

　近年は家族や親子関係にかかわる相談が大半を占めている。その理由としては、市内でいろいろな部署が相談支援を行っているが、その部署に来た相談でも家族親子関係の問題が大きいと子ども相談センターを紹介することが多いためである。

　相談経路としては、養護相談の半数は児童相談所からである。市に直接相談があるのは、①保健師の把握によるもの、②保護者や家族からの相談、③保育所や学校など子の所属機関から、の3つがほぼ同程度である。なお戸籍住民課や国保年金課など福祉部局以外からの紹介が相談につながる場合もある。

## d）非行相談

　非行相談は主に教育委員会所属の青少年センターが警察と連携して対応し

ている。そこの相談ケースは子ども相談センターの統計には入らない。ただ青少年センターと連携して両方でかかわっているケースについては、両方の統計に計上されている。

### e）親支援プログラム「お母さんのための『はーと♡ふる2014』」

「お母さんのための『はーと♡ふる2014』」は、平成17年度から実施している事業で、育児不安や負担を抱えた母親のメンタルヘルスの向上と虐待の進行及び再発の防止を目的とし、心理学のフォーカシングの手法を使いながら、グループ効果をねらって、住民団体（保育のボランティア）の協力を得て実施している。対象は育児不安や負担感を抱えているため虐待の未然防止や進行再発防止が必要な家庭の母親であるが、過去6年間の状況は、回数はおおむね7回、参加人数は当初は11人であったが最近3年間は7人程度、延べ人数も20人程度である。

### f）保育所支援「はーと・ケア」

「はーと・ケア」は2007年度から実施している事業で、子ども相談センターが把握している保育所入所中の要保護児童について、保育所での対応に困ることや課題の整理と、子どもや保護者への対応の仕方などについて助言を行うことを通して、保育士への支援を行っている。実施回数は年に7回程度である。

### g）電話相談「おにいさん・おねえさん子ども電話相談」

「おにいさん・おねえさん子ども電話相談」は2004年度より東京成徳大学で心理学や社会福祉学を学び、研修を受けて市長から委託を受けた学生が、子どもの意見表明の場の確保と向上を目指して、月〜金曜日の15時30分から17時の間、子どもからの電話相談を受けている。なお、いじめや虐待を受けているなど困難な相談ケースについては職員が支援をしている（表3及び表4）。

表3　子ども電話相談の相談ケース数

|  | 2008年度 | 2009年度 | 2010年度 | 2011年度 | 2012年度 | 2013年度 |
|---|---|---|---|---|---|---|
| 相談 | 50 | 88 | 80 | 112 | 123 | 112 |
| 無言 | 43 | 56 | 71 | 85 | 102 | 54 |
| 合計 | 93 | 144 | 151 | 197 | 225 | 166 |

表4　子ども電話相談の学生相談員数

|  | 2008年度 | 2009年度 | 2010年度 | 2011年度 | 2012年度 | 2013年度 |
|---|---|---|---|---|---|---|
| 新規 | 15 | 8 | 5 | 24 | 9 | 12 |
| 継続 | 17 | 16 | 16 | 10 | 18 | 19 |
| 合計 | 32 | 24 | 21 | 34 | 27 | 31 |

## h) スーパーバイズ

　子ども相談センターでは2人の臨床心理士にそれぞれ月に1回、センターの事例について見立てや支援方針についてスーパービジョンを受けている。この事例検討は、センターだけでなく母子保健課や地域子育て支援センターが事例提供をする場合もある。

　なおこれに加え、関係機関支援の「はーと・ケア」に年5回、母親支援の「はーと♡ふる」に年7回、臨床心理士を呼んで事業を実施している。

## i) 職員研修

　子ども相談センター職員としての新任・基礎研修は、千葉県が実施する基礎研修を受けることで行われる。その中には児童相談所での5日間の現場研修がある。この基礎研修は、会議のあり方や必要とされる専門性についても学ぶことができて有効である。

# 3……八千代市の子ども虐待対応の状況

## a) 児童虐待相談

　八千代市の児童虐待相談は、2009年度の231件から2013年度の521件ま

表5　八千代市子ども相談センターにおける虐待相談件数

| 2013年度 | 身体 | ネグレクト | 心理 | 性 | 計 |
|---|---|---|---|---|---|
| 新規 | 94 | 41 | 110 | 9 | 254 |
| 継続 | 93 | 94 | 77 | 3 | 267 |
| 小計 | 187 | 135 | 187 | 12 | 521 |

で一貫して増加しており、特に2013年度の増加率は顕著である。

　また相談の内訳は、2013年度では心理的虐待と身体的虐待が同数の第1位であり、次いでネグレクトの順になっており、新規の心理的虐待の割合が増えている（表5）。

　このような増加の要因として、面前DVによる児童相談所ケースが増えたことがある。加えて2010年に市内で、深刻な虐待事件があり、二度とそのようなことが起きないようにするために検証を行った。その結果、センターを含め関係機関の意識が変化し、早い段階で関係機関からの通告が増加し、他機関とも積極的に連携できるようになり、早めの対応ができるようになってきたことも要因としてあげられる。

## b) 受理

　児童虐待の情報が入るとセンター内で随時「受理会議」を開催しており、そこで初期調査や初期対応について協議する。そしてある程度の情報が集まった段階で、もう一度、毎週1回開催している「ケース検討会議」で対応方針や次回の見直し時期を決めている。この場合、緊急度AAは2週間～1か月、緊急度Aは1か月、緊急度Bはおおむね3か月、緊急度Cは3～6か月、その他のケースは年2回開催している「支援確認会議」で次期見直し日を設定する。

　危険度や緊急度の判断は市が行い、状況が重症化、複雑化し児童の安全が脅かされると危惧する場合は、児童相談所に相談している。なお日常的に児童相談所と協議したり、児童相談所と子どもの所属機関を交えた個別ケース検討会議で検討したりするので、進行管理連絡部会で緊急度の変更を行うことは通常ない。

## c）経路

千葉県では児童相談所が受理し、八千代市への住基照会等のある事例も市で受理をして要保護児童対策地域協議会の管理台帳に掲載している。主担当が児童相談所の場合も、八千代市内の事例であるので市としても受理をし、状況については適宜児童相談所と情報共有を行い、事例の概要や対応についても台帳に記載している。

そのため2013年度の経路は、児童相談所からが134件で虐待相談全体の25.8％になっている。ちなみに警察からの面前DVでの通告については児童相談所が対応している。

## d）処理

児童相談所から住基照会等をされたが、その後の対応を児童相談所が行い、市としてかかわりがないケースについては、千葉県の統計上の方針として「他機関あっせん」としている。

## e）終結

虐待相談の終結は、当初の主訴が軽減したと認められる場合である。ただ「認められる」というのは、虐待が起きるようなリスクが減ったり、虐待がない状態が半年以上続いたりしているような場合である。

終結については、全体の件数が多いので、「進行管理連絡部会」で1つ1つの事例の終結について検討するのは無理があり、子ども相談センター内の「支援確認会議」や「ケース検討」で検討したうえで決定し、「進行管理連絡部会」で報告する形をとっている。なお終結に際しては、子どもの所属機関や支援機関に直接連絡し、了解を得るようにしている。

## f）児童相談所との関係

千葉県の児童相談所と市町村との役割分担については「千葉県子ども虐待対応マニュアル」に示されている。児童相談所運営指針などでは市町村と児童相談所との事例へのかかわりを「送致」「援助依頼」として、ケースの担

当機関があいまいにならないよう示されているが、千葉県では日常のやり取りの中で対応について助言をもらい、ケースの状況に応じてどちらが対応することが望ましいか意見交換し、「送致」や「援助依頼」としている。

　なお基本的には、児童相談所に来た通告は児童相談所が対応し、八千代市に来た相談は八千代市が対応している。しかし八千代市で対応に困ったときに児童相談所へ相談すると、気軽に応じてくれる。

　例えば八千代市の対応事例で、市としては一時保護が必要だと思えば児童相談所に連絡して一緒に動いてもらう。その中で児童相談所の決定として保護されることは多い。一方、八千代市として保護が必要と判断して児童相談所に連絡した場合も、児童相談所の受理会議などで必ず検討され、保護になる場合もあれば、「もう一回調査をしたら」とか「もう少し様子を見ましょう」など、保護にならない場合もある。ただ保護にならない場合も、児童相談所から対応方法について助言をもらうので、その方針に従って市では対応する。

　その結果、八千代市から児童相談所への送致は、2013年度で7件、援助依頼は1件であるが、すでに述べたように日常的に相談や連絡は多く行われている。

　なお八千代市が毎月行っている「進行管理連絡部会」には児童相談所も必ず参加し、児童相談所が対応している八千代市の事例が報告される。そのため児童相談所が虐待対応している八千代市の事例はすべて要保護児童対策地域協議会の管理台帳に掲載され、個々の事例の家庭状況や支援内容も把握できる。

　児童相談所に入った通告は、泣き声通告であっても基本的には児童相談所が対応する。ただし市が児童相談所から依頼を受けて訪問したことはある。しかし児童相談所ケースは住基照会があり、その際には相談概要も話してくれるので、泣き声通告でも以前から八千代市とかかわりがあったり、年齢的に保健師が訪問した方がよさそうな比較的軽微と思われる場合には、市が対応することもある。

　このようにケースについて相互に日常的に相談や連絡を取っているので、児童相談所との対応でストレスを感じることはほとんどない。

5. 千葉県八千代市の取り組み　　**149**

## 4……八千代市のネットワークの仕組み

### a) 設置と会議の開催状況

八千代市の要保護児童対策地域協議会は2006年11月に設置された。

各種会議の開催状況は表6のとおりである。

表6　要保護児童対策地域協議会各種会議開催回数（単位：回）

| 名称 | 2012年度 | 2013年度 |
|---|---|---|
| 代表者会議 | 1 | 1 |
| 実務者会議（うち進行管理連絡部会） | 16（12） | 15（12） |
| 個別支援会議 | 59 | 38 |

### b) 進行管理連絡部会

毎月1回開催される「進行管理連絡部会」は、児童相談所から班長を含めて4人が参加し、八千代市からは子ども相談センター、母子保健課、教育委員会、青少年センター、生活支援課が参加し、それ以外に県の保健所、警察、東京女子医科大学八千代医療センターに加え、八千代市医師会より小児科医と精神科医が加わり、総勢21人が参加して行われる。このうち医師は隔月で交代している。

児童相談所も市も新規の全ケース及び見直しケースをここで共有するが、毎回2時間半で、虐待ケースが40ケース程度あり、全ケース合計で60～70ケースである。ケース見直しの中では、特定妊婦等重篤になりうる要支援ケースや見直し時期の虐待ケースは必ず報告している。

以前は子ども相談センターの全事例を検討していたが、とても時間が足りず内容の検討も不十分となるので、現在はセンターの中で現状を確認し、その中から部会で検討した方がよい事例や報告が必要な事例を選択したものだけを進行管理連絡部会に提出している。なお前述のように年2回は台帳記載の全事例について、進行管理連絡部会で検討している。

この会議にスーパーバイザーはいないが、児童相談所職員や医師がその役を果たすことは多い。

### c）進行管理台帳

八千代市の子ども相談センターで受理したケースはすべてシステムに入力する。そのうち要保護児童対策地域協議会で管理するケースについては、氏名や住所、家庭状況、主担当機関、次期見直し期日、終結の有無などを紙で取り出して台帳とできるように設計されている。

毎年4月に前年度からの継続ケース分を「進行管理連絡部会」の参加者に配布する。そして毎月の部会では、当該月に受理したケースだけを追加資料として配布している。その結果、毎月継ぎ足していくやり方であるため、年度後半はかなり分厚い台帳となる。

なお以前は、要保護と要支援、特定妊婦で台帳を分けていたが、現在では3者を一括して台帳に掲載している。それは要支援が要保護に移行するなど主訴変更があるためである。

### d）実務者会議

進行管理連絡部会以外に実務者会議を年3回開催している。出席者は進行管理連絡部会のメンバーに加え、民生委員や主任児童委員、私立幼稚園、私立保育園、公立保育園、小学校校長会、中学校校長会などである。

その目的は、児童虐待防止に資する関係機関の対応力の向上であり、情報交換や事例検討を通しての研修を行っている。事例は子ども相談センターや学校、私立幼稚園などが出し、グループワークを行っている。この事例検討にはスーパーバイザーを招聘している。

### e）要支援ケース

要支援ケースには、単発の電話相談から、かなりリスクの高い養護相談までがあり、要支援の内容や危険度を整理するための基準を改善する必要性を感じている。

## 5……八千代市の取り組みの特徴と課題

### a) 八千代市の取り組みの特徴

#### ア. 八千代市の姿勢

一般に市町村は、地域と児童相談所の両方の気持ちや立場がわかる。そのため両者の橋渡しや通訳の役割が期待されている。

例えば、学校はとても心配しているが、児童相談所では一時保護まで必要ないと判断している事例の場合、両者の間に入って「児相さん、学校はこんなことを心配しているから、その心配を解いてください」「もう少し言葉を足して説明して」と伝えることが大切である。千葉県の児童相談所は、このように伝えるときちんと説明してくれるので、あまり深刻な対立にはならない。

また市としてできることを最大限に行ったうえで児童相談所に送致している。いろいろな視点に立ち、様々な角度から検討して、できることを全部したうえで「市町村としては、もうできない」とか「これは危険」と伝えるので、児童相談所からは「八千代市が『保護が必要』と言ってくるときは保護だね」と言われる。

そのために市として必要なことは専門性を高めること。それぞれの部門や資格からの視点だけでなく、面接技術などを含めた専門性。そして複数で対応して、みんなで確認することが大切だと思われる。八千代市には専門職が多いが、その専門性をさらに高めるためにも児童相談所との連携が必要と感じていた。

そのことにより家庭の見立てが正確に行え、子どもの安全確保にもつながっている。

#### イ. 児童相談所との関係と児童相談所の姿勢

市町村としては児童相談所と気軽に相談できることが大切であり、児童相談所は市町村の相談に気軽に応じることが重要である。千葉県のすべての市町村がどうかわからないが、八千代市ではそれが実現できていた。八千代市が困ったときや迷うときに児童相談所も一緒に考える姿勢がうかがえ、全国的にも誇るべき姿勢と思われる。

一方八千代市は、事例の緊急度についても自分たち市で判断を行いながら適宜児童相談所に状況を相談し、児童相談所の判断を聞き、自分たちの判断力、行動力を高める努力を行ってきた。

　市と児童相談所の間にスムーズな関係があるのは、市の努力も大きいが、児童相談所のスタンスも重要な要素と思われる。


### b）八千代市の課題

　八千代市の取り組みの課題として、以下のような点があげられる。

①実務者会議（進行管理連絡部会）や個別ケースへの支援の経験を重ねることで、虐待対応の知識や技術は深まっているが、人事異動によりメンバーが変わることもあり、研修内容や実務面でも工夫が必要である。

②対応しているケース数が多いため、すべての事例を進行管理連絡部会で取り扱うことが困難である。

③相談業務と要保護児童対策地域協議会の調整業務の両方があり、業務量も多いため、担当者も対応に困難をきたすときがある。


### c）八千代市から学ぶべき点

　八千代市のヒアリングから、以下の6点が学ぶべき点として指摘される。


### ア．スタッフの充実

　人口約20万人の八千代市であるが、子ども相談センターのスタッフの人数と専門職の多さは重要である。対応ケース数も多いが、要支援ケースも含めてきちんと状況把握ができているのは、職員が多く配置されているからである。さらに多くの専門職を常勤職員として雇用している点も、人事異動を通して市役所全体のソーシャルワーク力の向上に寄与していると思われる。


### イ．児童相談所に相談しながら専門性をさらに高めようとする姿勢

　専門職として採用されている職員も多いが、複数対応や内部での検討を通して、自分たちの専門性をさらに向上させようとする姿勢がある。さらに児

5. 千葉県八千代市の取り組み　**153**

童相談所にも相談しながら、あくまで八千代市としての判断を行い、市としてできる支援を常に考える姿勢を持っている。

### ウ．気軽に相談でき一緒に考えようとする児童相談所の姿勢

八千代市への対応を聞く限り千葉県の児童相談所は、市町村の迷いや相談に気軽に応じ、対応策を一緒に考えようとする姿勢がうかがわれる。全国的には市区町村と児童相談所の感情的な対立が多く見られるが、このような千葉県の姿勢は虐待対応における児童相談所の役割を考えるうえで重要であろう。

### エ．失敗事例を生かす関係機関の協力

死亡事例ではないが市内で起こった深刻な事例の反省から庁内の関係機関が危機感を持ち、積極的に情報を提供するだけでなく、連携した支援にも協力的になっている。児童虐待は子ども家庭相談担当部署だけで対応できる課題ではなく、家庭内の様々な課題への支援が必要であるため、関係機関の協力が欠かせないが、八千代市では、その基礎ができているといえる。

### オ．ランクづけに伴うセンター内でのケース検討会議と進行管理部会の活用

相談事例をすべてリスクに応じてランクづけを行い、同時に見直し時期を定め、子ども相談センター内で時期に応じて見直しを行いながら事例を選択し、他機関を交えた進行管理部会での検討を行っている。その結果、すべての事例の見落としを防ぐと同時に、必要な事例の情報共有や対応策などの方針決定が他機関と一緒に行われている。

全国的に進行管理会議がケース数の多さから機能不全に陥りがちであるが、事前に事務局で全ケースの進行管理を行い、他機関と協議をする「会議」と機能を分ける工夫は、進行管理会議の機能不全を打開する方策のひとつとして参考になる。

### カ．信頼感に基づいたチームワーク

子ども相談センター内はもとより、関係機関や児童相談所とも良いチーム

ワークを作れていた。これは職員同士が専門性を尊重しながら忌憚なく意見を言える信頼関係があるためと思われる。さらに児童相談所にも率直に尋ね、意見を言うことで対等性を保持できている。その結果、スタッフの「ポジティブで打たれ強い」性格もあって、センター内でも他機関とも良いチームワークを作ることができていると思われる。

## 6……まとめ

　原稿執筆後に、八千代市の担当の藤山さんから以下の文章をいただいたので、ここに転載させていただく。八千代市の子ども家庭相談、虐待対応業務にかける職員の真摯な姿勢が凝縮された内容である。

　　児相や関係機関との連携・信頼関係は一朝一夕で築けることではなく、先代所長を始め諸先輩方々の努力のお蔭だと実感しています。
　　『要保護児童対策地域協議会』に課せられた内容は多岐に渡り、その責任を果たすことは簡単なことではありません。業務改善などの努力をしたり、人員要求をしていますが、職員一人ひとりの努力に負うことが多く残業が当たり前になっています。子ども相談センターの業務は困難を伴いますが、ケースの増加に伴い、2014年度は八千代市の児童福祉に対する認識が顕在化してきています。2014年度後半は見落としを防ぐことを前提に個々の負担を減らすために会議の持ち方や事前準備、ケース管理のあり方を職員各自が意識して日頃の相談業務ができるよう取り組みましたが、それは各自が自身の課題に直面する事態となり困難を極めたと思います。2015年度はその評価を実施し、さらなる業務改善を行い、職員が心身共に健康であることを切に願っています。

# 現在の相談体制の状況について

八千代市子ども部子ども福祉課 子ども相談センター 所長 毛塚 早苗

　本市の新規虐待相談件数は、2018年度は460件で、5年前の2013年度の254件と比して1.8倍となり、全国同様、年々増加の一途をたどっております。千葉県内53市町村（千葉市を除く）の中で、相談件数の多い順として、松戸市、船橋市、市川市に次いで4番目前後を推移しています。また、本市を管轄する千葉県中央児童相談所においても、一時保護所の定員25名が常時オーバーしている状況です。

　児童虐待相談の近年の傾向として、保護者の経済問題、DV、疾病（精神疾患、発達障害など）や子どもの発達問題、不登校など複合的で複雑な要因がからんでおり、より専門的な支援が求められています。また、相談件数の増加の背景としては、警察と児童相談所の連携強化により、保護者が子どもの前で配偶者等に暴力をふるう「面前DV」の通告や全国共通ダイヤル189の導入が進んだこと、市民の児童虐待の認識の高まりに加え、本市においては、要保護児童対策地域協議会を通じた多機関連携の推進により相談・通告件数が増えていることが考えられます。

　近年、国の「児童虐待防止対策におけるルールの更なる徹底」などの通達を受け、警察署の積極的介入、児童相談所との密な連携も強化されてきています。

　本市における児童虐待の対策としては、5つの重点取り組みを推進しています。

## 1. 2019年4月1日「八千代市子ども家庭総合支援拠点」を設置

　国は急増する児童虐待の対策として、2016年の児童福祉法の一部改正及び2018年7月の児童虐待防止対策体制総合強化プランにおいて、市町村における相談体制を強化するために、必要な職員を確保して「子ども家庭総合支援拠点」（以下、支援拠点という）設置を義務化しました。これを受け本市では、家庭相談員3名、事務員1名を増員し、表のとおり総勢17名体制とし、子ども相談センター（2016年度組織改正後、子ども福祉課の課内室）内に支援拠点を設置しました。

表　子ども相談センター人員構成（2019年4月1日）

| 職種 | 常勤職員 | 家庭相談員（期限付任用職員） |
|---|---|---|
| 保健師 | 3名（所長1名含む） | |
| 教員経験者 | 2名 | 2名 |
| 社会福祉士 | | 2名 |
| 社会福祉主事 | 1名 | |
| 精神保健福祉士 | 1名 | |
| 保育士 | 1名 | 2名 |
| 心理相談経験者 | | 1名 |
| 事務職 | 2名 | |
| 合計 | 10名 | 7名 |

　2006年度、子ども相談センターは、所長を含む社会福祉主事2名、保健師1名、教員経験者1名、家庭相談員3名の計7名の職員でスタートしました。その後、経年的に増員を進め、2019年度、ようやく国の設置運営要綱の最低配置人員に達することができました。

　しかし、2019年4月〜9月の児童虐待相談件数は、2018年同月と比してもすでに30件増加しており、相談件数に応じた人員体制整備は引き続き課題となっています。

## 2. 要保護児童対策地域協議会の関係機関との連携強化

### a）小児科医・精神科医との連携

　児童虐待対策として、支援の進行管理を目的とした要保護児童対策地域協議会の実務者会議の下部組織として「進行管理連絡部会」を月1回開催し、児童相談所、警察署及び医療機関（小児科・精神科隔月参加）等の11の専門機関と多角的な視点で支援について協議を行っています。

　2019年度より、医師会の協力のもと、小児科医と精神科医の参加が隔月から毎月となり、各科専門医による助言を受けての支援方針の決定がなされるようになりました。

### b）児童虐待発生時の迅速・的確な対応の取り組み

　「八千代市子ども虐待防止マニュアル平成24年度版」の実用版として、

5. 千葉県八千代市の取り組み　**157**

2018年度「子ども虐待の発見・通告の手引き（所属機関編）」を要保護児童対策地域協議会の実務者会議の委員と協議を重ね、作成しました。日頃から児童と接する機会が多い学校や幼稚園・保育園などで活用する具体的な手引きとして、活用の周知徹底を図っています。

### 3. 支援を要する妊産婦等に関する情報提供として「妊娠・出産関連機関連絡会」を開催

　2014年度から、妊娠期から支援の必要な家庭を早期把握するために「妊娠・出産関連機関連絡会」を母子保健課が立ち上げ、毎年、市内の産婦人科、助産院との情報共有に努めています。

### 4. ネグレクト家庭の登園・登校支援として地域福祉との連携を模索

　社会福祉協議会との連携において、市民ボランティアによる登園・登校支援を開始し地域福祉推進の体制を模索しています。

### 5. 大学病院と訪問看護ステーション等の有志による「周産期メンタルヘルスケア連絡会」の開催

　保護者の精神障害や周産期メンタル問題で精神科・産婦人科・小児科などの医療との連携が必要なケースの増加を受け、市内大学病院と訪問看護ステーションが中心となり2018年度に「周産期メンタルヘルスケア連絡会」を設立しました。2018年11月にワークショップ形式で「周産期メンタルヘルスの理解と対応〜顔の見える連携〜」をテーマに研修会を開催し、医療機関、訪問看護、児童相談所、保健所、行政、市内大学看護学部などの関係者90名が参加し、困難を抱える親子を支えていこうとする機運が高まりつつあります。2019年度も有志による打ち合わせを経て、11月に研修会を開催する予定です。

　今後においては、拠点設置運営要綱の趣旨でもある要保護児童対策地域協議会の連携強化はもとより、地域のリソースや必要なサービスを有機的につなぐ体制整備と保健・医療・福祉の垣根を越えて協議を進めながら、子ども及び妊産婦・保護者の福祉に関する支援業務を地域全体で進め、引き続き子どもの健全育成を目指していきます。

# 6.
# 東京都新宿区の取り組み

——地域エリアごとに設置された相談機関による支援体制の構築

小出太美夫

　関東地方に梅雨明けが発表となった2015年6月8日、調査メンバー3名が新宿区の子ども総合センターを訪れた。

　当日のヒアリングには、総合相談係長と総合相談係主査に協力をいただいた。


## 1……新宿区の概要

　新宿区は東京都に23ある特別区の1つで、東京都区部の中央やや西側に位置する。1947年に、それまでの旧3区が1つになり、現在の新宿区が発足している。また、1991年には、現在の東京都庁が移ってきている。新宿駅を中心とした交通網の発達とともに、周辺は国内最大の商業地域となっている。

　古くから栄えた商業地としての特徴以外にも、新宿区にいくつかの顔がある。例えば、古くから続く住宅街としてのエリアがあり、大きな病院や大学・学校などが集まっている。また、新宿区は都内で最も外国人登録者が多い区でもある。

**図1　東京都新宿区の位置**

総人口は32万8787人、児童人口は3万3240人（2015年4月1日現在）となっている。2006年以降の人口推移を見ると、総人口・児童人口ともにおおむね微増傾向にある。

　人口動態から見ると、人の出入りが非常に活発なことが特徴の1つといえる（2011年調査では、転入者数：2万8056人、転出者数：2万6845人）。また、昼間人口と夜間人口の差が大きく、2倍以上となっていることも特徴といえる。

　年齢構成比率を見ると、児童人口や40歳以上の人口に比べて、18歳～39歳人口の比率が高いことも特徴である。

　外国籍人口は、2006年からの10年間、区人口のほぼ10％で推移している。東京都内で最も外国籍人口比率が高く、特に韓国人・朝鮮人の比率と中国人の比率が高い。

　生活保護の受給者数も比較的多い。2013年度の保護率で見ると、31.8‰（千人あたり31.8人）と、東京都全体の保護率22.1‰を大きく上回っている。

　また、新宿区は2010年に犯罪発生件数1万537件を記録し、東京都内で最も犯罪発生件数が多い自治体となってしまったため、繁華街だけでなく住宅街においても防犯パトロールなどの取り組みが行われている。

## 2……新宿区の子ども家庭相談の仕組み

### a)「新宿区次世代育成支援計画（第Ⅲ期）」

　新宿区では、子育て支援、子育て環境の整備などの方向性を示すために、2015年度から2019年度までの5年間の計画として「新宿区次世代育成支援計画（第Ⅲ期）」を策定している。

　「子育てコミュニティタウン新宿」と称する総合ビジョンを掲げ、「子育てしやすいまちの実現」を目指している。

　基本目標としては、次の5項目があげられている。

　　目標①　子どもの生きる力と豊かな心を育てます
　　目標②　健やかな子育てを応援します

目標③　きめこまやかなサービスですべての子育て家庭をサポートします

目標④　安心できる子育て環境をつくります

目標⑤　社会の一員として自分らしく生きられる環境づくりを推進します

　上記5目標のうち、目標①〜③までは、特に「新宿区子ども・子育て支援事業計画」として位置づけられている。

　この中から、児童虐待防止に関連する支援策を取り上げてみると次のようなものがあり、現状でも実施されているが、さらなる充実・強化を求められているものが多い。

　　ア．子どもの福祉を守るための関係機関の連携として、子ども総合センター・子ども家庭支援センターを中心とした「新宿区子ども家庭・若者サポートネットワーク」の構築。

　　イ．虐待予防の取り組みとして、子ども総合センター・子ども家庭支援センターでの支援や各種事業（ヘルパー派遣、ショートステイ、「ひろば型一時保育」、母親支援のグループワークなど）を活用しての支援。

　　ウ．多様なニーズに対応した子育て支援サービス（親子の居場所づくり、一時保育、ショートステイ、ファミリーサポート事業）の充実。

　　エ．相談しやすい環境（子ども総合センター・子ども家庭支援センター、地域子育て支援センター、NPOなど）。

　上記以外にも、直接的な虐待対策ではないが、子どもの貧困防止に向けた施策（各種手当、医療費助成、保育園・幼稚園での負担軽減、学習支援など）や放課後の居場所対策（学童保育、児童館、子どものひろば等）の充実、外国籍等の子どもや保護者の支援（多言語による情報提供や相談・支援の充実）などが取り上げられている。

## b）子ども総合センター・子ども家庭支援センター

### ア．役割・機能

　子ども総合センター・子ども家庭支援センターは、区内における子どもと

家庭の総合相談の中枢的な機関と位置づけられている。

　新宿区のホームページには、子ども総合センターと子ども家庭支援センターについて次のように紹介されている（https://www.city.shinjuku.lg.jp/kodomo/file03_03_00002.html、2016年8月15日取得）。

　0〜18歳未満の子どもとその保護者が利用できる施設で、新宿区には、「子ども総合センター」「中落合子ども家庭支援センター」「榎町子ども家庭支援センター」「信濃町子ども家庭支援センター」「北新宿子ども家庭支援センター」の5所あります。
　乳幼児から中高生までが楽しく遊べるスペースがあり、子育てや家庭に関する相談もできます。また、子育て支援に関する事業もおこなっています。

　説明にあるように、相談や虐待通告の窓口としての役割だけではなく、下記のような子育て支援事業を実施することや、子育てのための適切なサービスや支援機関を紹介する（コーディネートする）役割も負っている。

- **子育て訪問相談**：保育士が相談者の自宅に訪問し、子育てに関する相談や、子育て情報を提供する。
- **育児支援家庭訪問事業（産後支援）**：生後1年未満の子どもがいる家庭に、出産後の育児・家事の援助者を派遣する事業。
- **子どもショートステイ**：病気や入院、冠婚葬祭などにより、保護者が一時的に子どもの養育ができないとき、区内の児童福祉施設や協力家庭で預かる。（1回7日以内）
- **ひろば型一時保育**：理由を問わず、1回4時間まで、6か月から小学校入学前までの子どもを預かる事業。
- **発達支援**：子ども総合センター発達支援コーナー（あいあい）では、心身の発達や成長に心配のある子どもの発達相談・児童発達支援等・障がい幼児一時保育・在宅児等訪問支援を実施している。
- **子どもの居場所**：乳幼児（0〜3歳）とその保護者がいつでも利用で

きる「ひろば」があり、交流や仲間づくりを兼ねた行事や、子育て支援講座が開催されている。
- **学童クラブ**：保護者が就労等により昼間家庭にいない小学生の児童を預かる。

この他にも、児童コーナー（主に小学生が自由に活動できる遊びの場）や中高生専用のスペース等も用意されている。

イ．組織・人員体制

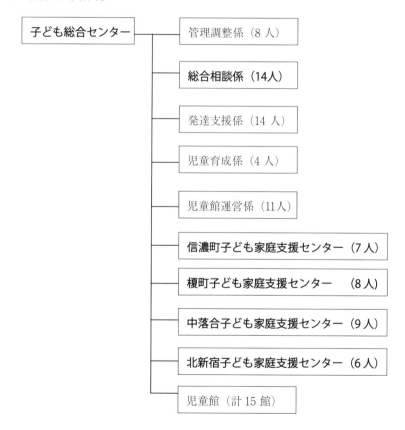

図2　子ども総合センターの組織図

6．東京都新宿区の取り組み　　**163**

子ども総合センターには、虐待相談や不登校相談等の子どもの総合的な相談・支援に対応するために総合相談係と各地域の子ども家庭支援センターが置かれている。

　また、障がい児の発達支援のために発達支援係が、児童館の運営のために児童館運営係と児童育成係（子ども総合センター内の児童館担当）が置かれている（図2）。

　虐待問題への対応の統括的な役割を担うのが総合相談係で、各地域の子ども家庭支援センターと連携して業務を遂行している。区内は5つに地区割りされ、子ども総合センターと各子ども家庭支援センターとで担当している。相談・支援に対応する職員は、組織図（図2）に記載されている正規職員以外にも、非常勤の虐待対策ワーカーが配置されている等、手厚い職員配置となっている。

　都内の各市区町村には、子ども相談の窓口である子ども家庭支援センターが設置され、虐待対応の第一線機関として、また要保護児童対策地域協議会の調整機関としての役割を担ってきている。その中でも、新宿区の子ども総合センター・子ども家庭支援センターは、その体制が充実している印象がある。

　専門性・人材育成といった観点からも、子ども総合センターが設置される以前から在籍し、10年以上にわたる相談経験を有する職員が残っており、経験が蓄積されていることは大きな強みとなっているように思われる。

## 3……新宿区の子ども家庭相談の状況

### a) 虐待相談件数と虐待種別（2014年度）

　子ども総合センター・子ども家庭支援センターでの2014年度児童虐待対応件数は179件で、前年度（2013年度）の150件と比べて約2割増加している。

　虐待種別では、身体的虐待が89件と全体の約5割を占めている。前年度の件数が69件であったのと比較すると、対応件数の増加率も最も多くなっている。

　他の虐待種別では、多い方から順にネグレクト53件、心理的虐待36件、性的虐待1件となっている。

　児童相談所への援助依頼件数は8件、送致の件数は4件とともに1桁にと

どまっているが、これはカンファレンスなど事前の協議で選ばれたケースに限定されているためとのことであった。

## b）子ども家庭相談全体の状況（2014年度）

### ア．相談種別相談件数

子ども家庭相談は全体で2224件あり、相談種別としては育成相談と養護相談で9割近く（88.3%）を占めている。

育成相談の中では、育児・しつけ相談が大半を占め（920件）、この中には産後ヘルパーの派遣等の子育て支援サービスの利用相談が含まれる。

養護相談では、児童虐待相談（179件）と養護相談・その他の相談（730件）に分けて計上されており、その他の相談には特定妊婦の相談も含まれている。

関係機関からの問い合わせも相談件数にカウントされており、児童相談所などからの住基情報の問い合わせがその他の相談（202件）にあげられている。

居所のない事例や外国籍の事例が比較的多いことも特徴となっているようだ。居所を持たないまま新宿に流れ着き、特定妊婦としての相談から始まり、そのまま新宿に定着して出産、子育て、生活の支援を受け続けるといった経過をたどる事例も多いとのことであった。

### イ．経路別相談件数

経路別の相談件数を見ると、家族・親族からの相談が1156件（52.0%）と多くの割合を占めている。次に多いのが保健センター経由の相談で209件である。保健センターとは以前から連携が密にできており、特定妊婦や居所不明児童の相談で連携する機会が多かったために件数が多くなっているようだ。

### ウ．援助方針別件数

継続指導が958件と最も多く43%を占めるが、他機関あっせんも684件と多く約3割を占めている。この中には一時保育の利用や産後ヘルパーの利用などの子育て支援メニューの活用が含まれている。子育て支援が手厚く実施されていることにより、養育困難な状況にある家庭でも、地域でなんとか生

活できているケースが多い。


#### c) ケース協議、進行管理

虐待相談については、週1回開催されている受理会議に提出されて当面の方針が検討される。他に月1回、子ども総合センター・子ども家庭支援センター内でのケース検討会議が開催されている。

児童相談所との間では、毎月連絡会を開催しており、懸案になっているケースについてはその際に確認している。

ケース進行管理については、児童相談所、子ども総合センター・子ども家庭支援センター、保健センター、教育委員会などで構成する「進行管理作業班」が四半期ごとに年4回会議を開催し、状況を確認している。2014年度末現在で、183ケースが進行管理台帳に登録されている。

新宿区での相談の特徴として、外国籍の相談や居所が定まらないままでの相談が多いようだ。「新宿に行けばなんとかなる」と考えて流れてくるケースがあり、妊娠しているが居所の定まらないケースもある。そのため、相談対応にあたっては、多くの関係機関と連携・協働することが必要になっている。

婦人保護施設「慈愛寮」のような、妊娠期から出産後までのケアを手厚く行える施設が区内にあるといった社会資源の豊かさにも支えられている利点を生かし、在宅では難しいと思われる事例へも積極的に取り組んでいるように感じられた。

豊富な支援メニューと支援体制に支えられているからこそ、地域で生活を安定させ、在宅での養育を維持し続けるケースも多くなるのではないかと思われた。


## 4……新宿区のネットワークの仕組み

2005年6月に、それまでの「子ども虐待防止連絡会」「不登校0をめざす子ども学校サポートネットワーク」「発達支援関係機関連絡会」が「新宿区子ども家庭サポートネットワーク」に再編され、「要保護児童対策地域協議会」と

して位置づけられた。その後、2010年度に事例検討部会が新たに設置され、さらに2012年度には、「子ども・若者支援地域協議会」としての位置づけも加えられて、「新宿区子ども家庭・若者サポートネットワーク」に改組された。

　法的な位置づけとしては、児童福祉法第25条の2第1項の規定に基づく「要保護児童対策地域協議会」、子ども・若者育成支援推進法第19条第1項に基づく「子ども・若者支援地域協議会」の位置づけに加え、いじめ防止対策推進法第14条第1項の規定に基づく「いじめ問題対策連絡協議会」の機能も有している。

　全体の構造を見ると、要保護児童対策地域協議会の3層構造となっており、実務者会議にあたる部分が、構造的には5つの機能別の部会から成り立っているように見えるが、若者自立支援部会は法的には実務者会議としては位置づけられていない。また事例検討部会は、共通事例の検討による課題の共有が中心となるため、実質的には虐待防止等部会、子ども学校サポート部会、発達支援部会の3部会が実務者会議の位置づけとなる（図3）。

### ア．代表者会議

　年2回開催。各機関の代表者が一堂に会し、現状や事業計画を報告する。区長が会長として位置づけられており、子ども家庭部子ども家庭課が運営している。

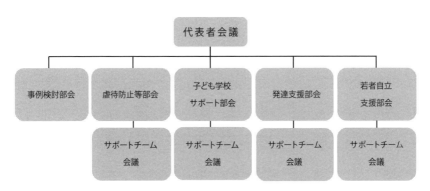

図3　新宿区要保護児童対策地域協議会組織図

### イ．虐待防止等部会

　要保護児童対策地域協議会の実務者会議の中核部分にあたる。児童虐待の防止対策に関して他の部会とも連携し、関係各機関が実施する支援などの状況把握や相互の連絡調整を行う。他の部会が名簿登載し支援しているケースであっても、家庭内の問題が想定されるケースの場合には、虐待防止等部会がかかわることが多い。

　部会としては年2回開催されており、他に研修の機会が設けられている。子ども総合センター所長が部会長として位置づけられており、子ども総合センターが事務を所管している。

### ウ．子ども学校サポート部会

　警察・福祉・保健・教育等の各機関の実務者によって構成され、いじめ・不登校その他問題行動の予防対策に関する実情の把握、各機関間の連絡調整を行う。教育委員会事務局が事務を所管している。

### エ．発達支援部会

　教育・福祉・保健等の各機関の実務者によって構成され、子どもの発達支援に関する実情の把握、各機関間の連絡調整を行う。子ども総合センターが事務を所管している。

### オ．若者自立支援部会

　若者の自立支援に関することについて協議する。地域文化部消費者支援等担当課が事務を所管する。

### カ．事例検討部会

　各部会に分かれて活動しているため、部会同士の情報の共有が難しい状況にあったことから、事例検討部会を設けた。各部会の代表が共通の事例について協議することで、区としての課題の共有を図っている。年3回開催され、どの部会にも関係するような事例について、専門家の助言を得ながら検証している。

### キ．サポートチーム会議

　要保護児童対策地域協議会の個別ケース検討会議にあたる。2014年度は62回開催されており、会議の検討内容は議事録として記録し、蓄積されてきている。

　各部会のサポートチーム会議は連携しており、1つの事例が複数のサポートチーム会議で検討されることがある。

　基本的には要保護児童対策地域協議会の3層構造となっているが、研修的な役割の事例検討部会と、子ども・若者育成支援推進法に基づく「子ども・若者支援地域協議会」の機能を加えていることが特徴となっている。5つの異なる機能を有する部会によって、妊娠期から青年期までの課題について幅広く論議できるという利点がある一方で、複数の部会を運営し、事務局の異なる部会とも連携しなければならないことでの苦労もあるとのことであった。

　特に若者自立支援部会は、要保護・要支援児童対策とは趣を異にすることから、他の部会との連携に課題を残しているとのことであった。


## 5……新宿区の取り組みの特徴と課題

### a）新宿区の特徴

### ア．相談・支援体制の充実

　新宿区の社会的・経済的状況を反映して、居所が定まらないままでの相談の多いことが特徴となっている。生活基盤を持たず、それまでの生活歴が明らかにならないケースに対応するためには、相応の相談・支援体制が要求される。新宿区では、相談に対応する職員が多く配置され、子ども家庭支援センターでの相談で経験を積み上げた職員も残っている等、相談体制が整備されている。また、社会資源や支援メニューが豊富なことで、親子を地域の中で支え続けることができるようになっている。


### イ．多様なネットワーク

　区内のネットワークは重層化して組まれている。

　区の子ども総合センターと、都の児童相談センターとがうまく連携できて

いるとのことであったが、この連携を軸にして、区内の各関係機関との間で複数のネットワークを構成し、相互に連携して機能できるようになっている。

### b）新宿区の課題
#### ア．ネットワーク

ネットワークはおおむねうまく機能しているということであったが、あえて課題として取り上げるとすれば、独立して活動している各部会の調整・連携ということになると思う。初期に設置された3つの部会については、家庭的な問題の大きさによって、虐待防止等部会との連携をとる流れができており、各部会を「横串に刺す」形で事例検討部会を機能させることで補っている。

しかし、若者自立支援部会については、他の部会と異なり要保護児童対策地域協議会に位置づけられていないことや、事務局も異なるといったことなどで連携が難しい状況にあるとのことであった。

また、代表者会議の事務局が子ども総合センター・子ども家庭支援センターとは異なるために、事務分担が煩雑になっていることが課題として述べられた（【新宿区からの補足情報】上記のような課題を改善するために、2016年度からは、代表者会議の事務局を子ども総合センターが担うことになっている）。

#### イ．年長児童のサポート

中学生年齢までの支援に比べて、中卒以上の年齢になると支援が乏しくなっている。

子ども総合センター・子ども家庭支援センターが継続的にかかわっている児童が18歳になったときに、児童が自立するために必要なサポートをトータルで考え、支援を継続していく体制になっていない。相談ニーズの各側面、例えば生活の立て直しならば福祉事務所、病気に関しては保健センターというように対応できているが、児童の自立に向けたプロセス全体に継続的にかかわるような機能は不十分なようだ。そのため、継続ケースを18歳になって終結しようとしても、どこか継続的な支援のできる機関につなげられないと終結しにくい状況もあるとのことであった。

子ども総合センター・子ども家庭支援センターとしては、まず中卒年齢（16歳、17歳）の自立に向けた支援をより強化していくことを課題としてとらえており、支援体制づくりに向けて動き始めていることがヒアリングでは語られた（【新宿区からの補足情報補】2016年度、相談員の1名増員が認められ、その1名を、主に若者支援担当とし、高校生年齢の児童の支援の強化と、18歳以降の継続支援のあり方検討を行っている）。

# 6……まとめ

要保護・要支援児童に対する相談・支援対策の柱と位置づけられているのが児童相談所と市区町村であるが、近年、児童相談所における相談・支援の相対的な力量低下が目立ってきている。ここでいう「相対的な力量低下」とは、1つには問題の量・質との関係で指摘されていることであり、もう1つは市区町村の力量との比較から指摘されていることである。

児童相談所の相対的力量低下を補う形で相談・支援の力量を高めている自治体がいくつか出てきているが、新宿区はそういった自治体の中でも、質・量ともにかなり高い力量を持った自治体と評価できるように思う。

相談・支援の中心的な役割を担っている子ども総合センターと子ども家庭支援センターへの人員配置の手厚さだけでなく、その他の子育て支援に費やされる人的・経済的サービス資源の大きさには目を見張るものがある。また、人材を育て、サポートするための研修やスーパーバイズ体制も整備されているように思われる。

こういった体制、機構が整備されてきた背景には、区長のもとに新宿区全体が児童福祉行政に重点的、積極的に取り組んできたことがあるのではないかと思う。

児童相談所が虐待の初期対応で忙殺される以前には、この程度のレベルにはあってほしいと期待された相談・支援力量を、新宿区の子ども総合センター・子ども家庭支援センターの相談・支援現場で垣間見ることができたことは、児童虐待防止の先行きを照らすひとつの灯りのように感じられた。

# 現在の相談体制の状況について

新宿区立子ども総合センター・子ども家庭支援センター

総合相談係主査　加藤 伸宏

## 1. 概要

　子ども総合センターは、新宿区（以下、区）における児童相談を担う機関として、子どもと家庭にかかわるあらゆる相談に応じて、児童福祉に関する助言、指導、調査等を行うほか、様々なサービスの提供や調整を行っています。

　また、児童福祉法に規定される要保護児童対策地域協議会（以下、要対協）の事務局の役割を担っており、関係機関による各種会議の開催や独自の研修等も行っています。

　なお、子ども総合センターは、同じく児童相談を担う既存の子ども家庭支援センターを統括する機関として2011年度に設置されています。

## 2. 組織・人員体制

　区の児童相談は区内4所の子ども家庭支援センターと、4所と同じ機能を持ちつつ、相談体制の統括的な役割も担っている子ども総合センター総合相談係の、合わせて5センター体制としており、相互に連携を取り合い相談・支援活動を進めています。

## 3. 相談・支援活動

　子ども家庭支援センターの相談は月曜から土曜日（土曜日は来所相談のみ）、子ども総合センターは年末年始を除く土曜、日曜、祝日も実施しています（日曜、祝日は電話相談のみ）。

　相談・支援活動は相談者の意向や内容に応じて、電話、来所、訪問のいずれかにより適宜対応しています。

　相談体制の特徴としては、手厚い職員配置があり、アウトリーチを重視したきめ細かい活動を行っていることがあげられます。子ども総合センターには相談員の他、専門職（心理職、保健師）も配置されており、相談・支援に対応する5センターの職員数は、正規・非常勤を合わせるとお

おむね50人で、都内の他の区に比べて多い配置となっています。新宿区の面積約18平方キロメートルを5センターに地区割りして担当しているため、区内であれば、自転車等で職員が必要な場所へ赴くことができます。所管を分けたことで、保育園、幼稚園、学校、学童クラブ、医療機関など、要対協を活用した地域の関係機関との連携による見守りや支援体制を取ることができます。そのため、広域をカバーする児童相談所と比べ、訪問面接や社会調査に要する時間が短縮でき、虐待対応については早い段階でリスクを見極め、重篤なケースを担う児童相談所との連携や役割分担を図ることが可能となっています。

　こうした体制の下、5センターは、非行、引きこもり相談などに関しても、関係機関と連携しながら、迅速かつ柔軟な対応を心がけて日々の業務を行っています。

（2019年11月1日時点）

# 7. 愛知県豊橋市の取り組み
—— 若者支援を包含した地域ネットワークと
児童相談所との良好な協働関係

川松 亮

## 1……豊橋市の概要

### a) 豊橋市の一般的特徴

　豊橋市は、愛知県南東部にあり、東側を静岡県に接している（図1）。南は太平洋、西は三河湾に面し、温暖な気候に恵まれている。

　人口は約38万人を擁し、1999年に中核市に移行した。近隣の市にトヨタやスズキの工場があり、豊橋市から通勤する市民が多い。またブラジル人などの外国人の居住が多い地域である。

図1　豊橋市の位置

## b）豊橋市の地勢

　市の中央部には豊橋駅を中心に商店街が発達し、市役所やこども未来館といった施設や、吉田城などが集まっている。また、市西部は三河港を中心とした臨海工業地帯の一部となっているが、この三河港は自動車の輸入台数が全国一位の港である。市南部には農地が広がり、市北部では果樹栽培が盛んで、野菜の産出額では全国のトップクラスとなっている。

## c）豊橋市の産業

　豊橋市は交通の要衝に位置するため、東三河地方の中核都市として発展してきた。一方で近年は郊外の大型店が増加し、市中心部の空洞化の傾向もみられている。

　また豊橋市は、豊川用水の豊かな水と温暖な気候のために農業が盛んであり、路地野菜、果樹、園芸作物、稲作などが行われてきた。養鶉では日本一の飼育羽数を誇る。工業では伝統的な繊維工業や木材・木製品工業に続き、その後に発展した食品加工業や機械器具工業が中心となってきたが、近年では三河港を中心とした臨海工業地帯で、造船・金属・機械・自動車・電気・精密機械・化学繊維などの工業が発展してきている。また、伝統工芸では、全国の高級筆のシェアが70％という豊橋筆がある。

## d）人口推移と人口構成

　2015年4月1日現在の人口は37万7962人である。そのうち外国人が1万3597人であり、ブラジル人が6159人を占めている。一定地域の学校区内に集住する傾向がある。

　人口推移は、2008年12月の38万5526人から若干減少傾向にある。なお、2014年度の出生数は3264人であり、2013年の合計特殊出生率は1.60であった。近年では年少人口の比率減少と高齢人口の比率増加が顕著である。

　生活保護受給者は、2015年4月1日現在で1877世帯2367人であり、人口に占める被保護者数は6.2‰となる。同年の全国の被保護者数の保護率は17.0‰のため、それに比べると低い（以上、豊橋市ホームページ掲載のミニ統

計「とよはし」平成27年版から)。

## 2……豊橋市の子ども家庭相談の仕組み

### a) 豊橋市こども家庭課の組織と業務内容

　豊橋市では従来、子ども家庭福祉担当部署が福祉部にあったが、2015年度にはこども未来部を分離し、こども未来部内にこども家庭課を設置した。以前は子育て支援課という名称だったところに、子ども・若者支援や放課後児童対策を他部署から移してきて名称を変更している。

　図2は、こども家庭課の組織図である。こども家庭課の業務は幅広く、要保護児童対策、子ども・若者支援、放課後児童対策、児童手当・医療助成、ひとり親支援を管轄している。このうち、要保護児童対策と子ども・若者支援を要保護児童担当が担当している。この要保護児童担当には、主査が1名と要保護児童担当が7名、子ども・若者支援担当が3名配置されている。主査を含めた11名中で常勤が5名である。

　要保護児童担当の常勤職員には保健師、臨床心理士がそれぞれ1名ずつお

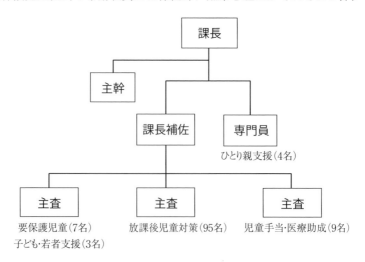

図2　豊橋市こども家庭課組織図

り、児童福祉司の有資格者が2名いる。非常勤職員には、養育支援訪問員として2名の元看護師が配置されており、また家庭児童相談担当の元教員が配置されている。

### b) 豊橋市の子育て支援施策

豊橋市は小学校数が52校なのに対して、放課後児童クラブ数が74か所ある。放課後児童対策が充実しているといえよう。また、こども家庭課の要保護児童担当が、子ども・若者育成支援推進法の事業を実施しているところに特徴があり、39歳くらいまでを支援対象としていることから、幅広い年齢層を対象とした施策を実施しているといえよう。

訪問型支援では、養育支援訪問事業を市のこども家庭課職員が実施している。そのために2人の元看護師が配置されている。ネグレクトに近いケースや養育能力が低い家庭への家事援助を、多く実施しているとのことであった。週1回訪問を原則として、対象児童は中学生までと幅広い。また無料である点が特筆される。年間延べ120回程度の訪問がある。保健所・保健センターのこども保健課でも、1歳未満児に対して助産師が訪問して専門の育児指導を実施している。

## 3……豊橋市の子ども虐待対応の状況

### a) 豊橋市における虐待対応件数

表1に見るように、2013年度と2014年度を比較すると身体的虐待の増加とネグレクトの減少が顕著である。

上記の傾向について、ヒアリングの際の担当者の話では2つの理由が指摘

表1　豊橋市における虐待対応件数

|  | 虐待対応件数 | 種別内訳 | | | |
|---|---|---|---|---|---|
|  |  | 身体的虐待 | ネグレクト | 心理的虐待 | 性的虐待 |
| 2013年度 | 136 | 44 | 74 | 17 | 1 |
| 2014年度 | 135 | 87 | 27 | 19 | 2 |

された。まず1つは、2012年度に同市内で死亡事例が発生したが、その事件後の対応による影響があったことである。2012年度の死亡事例は、居住実態が把握できないままにネグレクトによる死亡につながった事例だったが、事件を受けて豊橋市は居住実態が把握できない事例への対応に積極的に取り組むこととした。そのため2013年度に、ネグレクトとして受理して対応する件数が増加する結果となったというのである。例えば、乳幼児健康診査未受診後の家庭訪問で会えなかったような事例が、保健師から報告されてきたとのことである。

　また、2014年度の身体的虐待の増加については、小中学校における怪我の発見を通告として適切に対応できたこと、保健師がかかわる中で保護者から身体的虐待の告知があった場合、その発言をとらえて通告につながることが増えたと考えられるという話がされた。

　2011、2012年度は虐待対応件数の総数がいずれも100件程度だったそうであり、その後の件数増が見られているが、2013年度について上記のような死亡事例後の対応による増加傾向があったことが推定される。

## b) 虐待対応における児童相談所との連携関係

　ヒアリングを通じて、児童相談所との間に良好な連携関係があることを感じさせられた。例えば、児童相談所に同行訪問や同席面接を依頼することが3割程度の事例であるとの発言があり、児童相談所への連絡の敷居が低いことを感じさせられた。特に身体的虐待や性的虐待では、一緒に動くことが多いとのことであった。これは児童相談所の方にも、市の相談を受けて対応する姿勢があるということだろう。

　一方で、児童相談所の一時保護の際に市の職員も一緒に動いたり、市の職員が子どもを移送することがあるとのことであった。また、児童相談所が受けた通告（泣き声通告など）に対して、市の職員が同行訪問することがあるとの発言もあり、双方が協働し合っていることがわかった。つまり、現在の双方の職員同士の関係性の中で、市で対応すべき部分は市が動くが、児童相談所との協力が必要な場合には一緒に動くという雰囲気ができているという

**178**　　第2部　先進自治体の取り組み事例

ことである。

　児童相談所への送致や援助依頼の件数を尋ねると、2013年度も2014年度もいずれも0件ということであった。実際には、事例ごとにその都度、市と児童相談所との間で協議をしており、重度の場合は児童相談所が主担当機関となっているとの説明があった。こういったところからも、市と児童相談所との良好な連携協働関係がうかがえる。

　なお、豊橋市を管轄する東三河児童・障害者相談センターは同市内にあり、市役所からは車で3分程度の近距離にあることも、良好な連携関係の維持に寄与しているものと思われる。

## c) その他の相談対応状況

　こども家庭課が対応している相談事例全体では、養護相談のうちの「その他の相談」件数が多くなっている。これは、子どもに関する相談を受理した場合に、養育環境による問題が考えられる事例が多いため、幅広くとらえて分類しているとのことであった。

　また、相談経路として児童相談所からの事例が増えており、これについては、施設退所後のかかわりやDV通告後の対応の依頼が増加していること、登校できているかどうか情報を収集してほしいなどの依頼が増えていることが背景にあるためとの説明があった。


# 4……豊橋市のネットワークの仕組み

## a) 豊橋市要保護児童対策ネットワーク協議会の状況

### ア．実務者会議の工夫

　豊橋市の要保護児童対策ネットワーク協議会では、実務者会議を地域で分けて開催している。市を南北で2つに分け、それぞれについて月1回ずつの会議を開催している。これは2010年から実施しているとのことであった。さらにこれに加えて、参加機関を限定した実務者会議を月1回開催しており、年間の実務者会議数は36回を数えている（表2）。

表2　豊橋市における要保護児童対策ネットワーク協議会の開催状況

|  | 2013年度 | 2014年度 |
|---|---|---|
| 代表者会議 | 1回 | 0回 |
| 実務者会議 | 36回 | 36回 |
| 個別ケース検討会議 | 43回 | 56回 |

### イ．地域別実務者会議

　市内を南北に分けて毎月開催する実務者会議では、参加メンバーが20人程度で、取り上げる事例数は50くらいになるとのことであった。市が把握する全事例を取り上げるのではなく、関係機関の関与数が多い事例を、こども家庭課内の打ち合わせでピックアップして取り上げている。なお、児童相談所の事例のうち軽度の事例は取り上げないとのことであった。

　会議にあたっては、こども家庭課が学校や保育園から情報を収集して資料を作成し報告している。こども家庭課の要保護児童担当職員は、4人の地区担当者が南北を分担して担当しているが、こうした準備作業は大変であるとのことであった。

　ヒアリングの中では今後の検討課題として、事例に関与していない関係機関の参加意欲が低下することや、情報を出し合うだけではなく事例検討を深めることが必要と考えると話された。

　なお、進行管理会議にあがっていない事例について、情報収集の協力が得られないことがあることも課題としてあげられた。

### ウ．3機関による実務者会議

　上記の実務者会議のほかに、参加機関を限定した実務者会議を毎月開催している。参加機関は、こども家庭課、こども保健課、児童相談所である。ここでは、特定妊婦の事例や要支援の新規事例、進行管理会議にあげる前の事例などを検討しており、その後に地域別の実務者会議で取り上げているとのことであった。

　今後に向けての課題としては、教育機関も参加する必要を感じるとの発言

があった。

## b) 豊橋市要保護児童対策ネットワーク協議会の経緯

### ア. 2008年度「子ども虐待対応マニュアル」

　豊橋市要保護児童対策ネットワーク協議会（以下、協議会）は2005年に設置されたが、設置後4年目を迎えた2008年度に、「子ども虐待対応マニュアル」が作成された。これは、関係機関アンケート調査を実施して、課題を整理したうえで作成されたものであることが特筆される。アンケート調査には、関係機関職員719人が回答しており、学校や幼稚園・保育園はじめ、主任児童委員、児童クラブ、医療機関や行政機関など幅広い意見が集約されている。

　アンケート結果からは、回答者のうち75％が協議会とかかわりがなかったと答えており、そのうち3分の2は事例がなかったと回答していた。また、かかわりがない人のうちの15％が各組織内または個人で支援して解決をしていた。結果を受けた課題として、協議会の認知が不十分であること、実際の行動としての協議会活用を促す必要があることが指摘されている。

　設問の中では、どのような状況で児童虐待を疑うか、また通告するかを、22のビネットを提示して回答を求めている。さらに、児童虐待を疑った際の相談先について回答を求めており興味深い。その結果、課題として、児童虐待の知識について周知徹底ができていないこと、児童虐待を受けた子どもの「サイン」に気づく力が不足していることが指摘されている。特に心理的虐待の認知及び通告率が低い傾向が指摘された。

　一方、児童虐待を疑う経験を44％がしているものの、そのうちで通告をしなかった場合が55％を占めていた。通告しなかった場合は、ほとんどが「部署内で見守り」をしており、通告しなかった理由として、「虐待かどうか確信が持てない」、「危険度が低いと判断した」が多くなっていた。このため、疑いを持った場合の対応が組織で手順を踏んでできるように、組織ごとに対応の細かい手順を作成する必要性が指摘されている。また一方的な研修ではなく、各機関が自ら検討する場を持つことが必要であると指摘されていることも注目される。

7. 愛知県豊橋市の取り組み　　**181**

以上から、2008年度のマニュアルでは、協議会の仕組みを説明した「1. 豊橋市要保護児童対策ネットワーク協議会の構築」、虐待の気づきにつながる「2. 子ども虐待の特徴とサイン」、そして個々の組織の取り組みを紹介する「3. 各機関の取り組みと連携」の3項目が示されている。特に3の各機関の取り組みと連携では、「ステップ1：組織内で相談」「ステップ2：自分で『できること』を始める」として対応上のポイントが示されていることが注目される。

　さらに、2009年度以降に取り組むこととして、各組織のレベルアップのために、組織ごとのネットワーク構築を目指したモデル事業を実施することや、事例検討を含めた研修機会を設けていくことが示されている。

**イ．2010年3月「自分のネットワーク」マニュアル**

　2008年度のマニュアル作成に向けたアンケート調査から見えた課題を受けて、（1）協議会の理解を促す、（2）虐待を受けた子どものサインに気づく力を高める、といった2点が必要であるという認識に立ち、個々の組織内ネットワーク構築を目指した検討がなされた。

　そこで「校内・園内等関係機関内ネットワーク構築モデル事業」としてワーキング活動が実施されている。これはモデルケースをもとに計5回の話し合いを実施したものだが、ケースの危険度のアセスメントと自分たちの役割について話し合い、以下の6点についてまとめている。すなわち、

　　1）話し合いから出た「自分たちの役割」
　　2）各機関内ネットワークを中心とした、人・情報の動き（フロー図）
　　3）通告までのプロセス
　　4）「虐待を疑う」どこに気づくか
　　5）通告先をどうするか、誰がするのか
　　6）通告後の支援・ケア、動き、観察のポイントは

の6点である。

そのうえでマニュアルは、各組織のネットワークである「自分のネットワーク」を構築するための具体策を提案している。この「自分のネットワーク」マニュアルは、1）民生・児童委員、主任児童委員、2）小・中学校、3）幼稚園・保育園、のそれぞれについて作成されており、上記の6点ごとにポイントを示している。さらに、自分のネットワークと要保護児童対策ネットワークとの関係についても整理されている。

このように、ネットワークの参加機関職員によりモデルケースを検討し、関係機関職員の意見を吸い上げながら、まずはそれぞれの機関でなすべき事柄を整理して示していること、またそのうえでネットワークとの関係を論じている点で、画期的なマニュアルができあがっているといえよう。内容も具体的であり、関係機関職員にとって使いやすいマニュアルになっていると感じられる。

ヒアリングの中では、以上のようなマニュアルの検討や作成をしてきたことで、ネットワークの会議には参加するものだという伝統が作られたと思うと話された。

### c）2012年度の死亡事例を受けた対応

#### ア．事例概要

豊橋市では2012年度に死亡事例が発生し、マスコミでも大きく取り上げられることとなった。この事例は、居住実態が把握できないままに幼児が死亡したという事例であった。事件後に豊橋市では、独自の検討会議を設置して事例を検証し、報告書を作成している。報告書では7つの課題を整理したうえで、18の対応策を提言し、対応策については工程表も示している（豊橋市4歳女児死亡事例検討会議「豊橋市4歳女児死亡事例検討報告書」2013年3月）。この事例は、当時4歳の女児がやせ細って死亡したものだが、当該児童は乳幼児健康診査が未受診であり、また7歳の兄は就学届が未提出で在籍校がないこともあわせて判明した事例である。保健師は家庭訪問で当該児童に会えない一方で、児童手当の申請手続きや現況届のために、父が子育て支援課（当時）に来所していたという事実があった。

7．愛知県豊橋市の取り組み　　**183**

## イ．対応の問題点

　事例を考察して抽出された問題点として、報告書では以下のような点をあげている。

　　○「児童手当」「子ども医療費受給者証」が同じ子育て支援課の担当でありながら、同じ家庭でも手続きが異なることから、相互に手続き状況が把握できない状況となってしまった。
　　○この家庭に対して、こども保健課では接触が必要でありながら、子育て支援課では接触があり、こうした接触の機会を児童に関する関係機関同士で共有することができなかった。一方では所在不明の状況があり、一方では複数回にわたって来所しているという連携不足が見受けられる。
　　○就学届についても、未就学の理由をより積極的に把握し、就学に対する適切な対応が求められる。所在不明の児童については、教育委員会だけではなく、関係機関と協力して、児童に対する教育が適切に受けられるための体制等が必要であり、関係機関との仕組みづくりが求められる。
　　○父は児童手当の手続きのためには来所することもあり、こうした機会を利用して、健診受診勧奨や就学勧奨を行うことができれば、違った展開となったかもしれない。そのためには、児童手当などの福祉分野と保健、教育の分野において、所在不明である児童の情報を共有することが必要である。
　　○本児の出生後、兄がいることを把握していながら、実際の対応では兄を含めた家族全体のアセスメントがなく、終始本児の健診受診状況だけの対応となっていた。
　　○児童関連部署であるこども保健課や教育委員会が、それぞれ所在のわからない児童を把握していながら、所在不明児童の情報を集約した対応ができず、情報の共有ができなかった。

　以上のように、庁内の情報共有がなされていなかったという連携の課題が多く指摘された。

**184**　　第2部　先進自治体の取り組み事例

## ウ．対応の改善策

報告書では、対応策として、こども保健課、市民病院、学校教育課、子育て支援課それぞれについて具体的な提言をし、改善の工程表も添付している。特にこども保健課では、「受診勧奨・所在不明時チュックリスト」を作成するなどして、共通した対応が取れるようにし、乳幼児健診未受診者への対応の明確化を図っている。また学校教育課では、未就学児童等確認対応マニュアルを策定して対応していくこととしている。

さらに子育て支援課については、所在不明児童の情報集約の仕組みづくりや所在不明児童への対応として、以下のような取り組みを提言している。

　　○所在不明児童情報を子育て支援課が集約することとし、子ども関連情報（児童手当、子ども医療、生活保護、保育園、乳幼児健診、予防接種、学校就学）を集約して、関係各課への情報提供を行うことのできる環境を整備するための情報共有システムを構築する。
　　○所在不明児童を要保護児童として対応するためのリスクアセスメント連絡票をつくり、情報集約から通告及び通告事案への対応に関する一連のマニュアルを作成する。

以上の検討結果は、図3に示したフロー図として定式化されている。

実際にも、2013年度から情報システムが稼働し、健診未受診や就学届が出ていない事例はこども家庭課に情報が集まり、調査・対応するようになっている。児童手当、子ども医療、保育などの情報を、こども家庭課がシステム上で集約して、当該機関に伝えるようになったとのことであった。また、そのこともあってか、2013年度にネグレクトの対応件数が増加したことについては既述した。

ヒアリングの中で話されたことによると、これまで母子保健では健診未受診でひたすら電話や訪問をしていたという感じだったが、現在では児童手当など様々な情報が入る中で、児童手当を受けていないとか、医療の受診も全くないというリスクが高い事例を優先的に把握してもらい、比較的危ないと

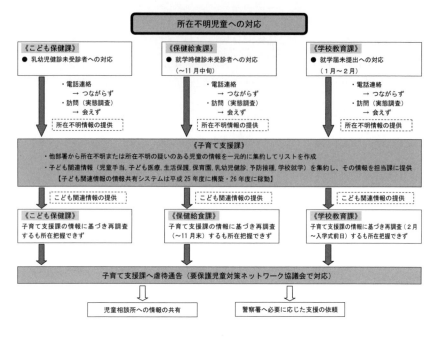

**図3 所在不明児童への対応**
（豊橋市4歳女児死亡事例検討会議「豊橋市4歳女児死亡事例検討報告書」2013年3月から）

思われる家庭に早めにアプローチするための、参考になるような情報を渡して動いてもらっているとのことであった。

　また、事件以降の対応として、豊橋市では「こんにちは赤ちゃん事業」の訪問の後、民生・児童委員にも全戸訪問をしてもらっているとのことであった。その際には、市のお祝い品（おしりふき）を民生・児童委員に持参してもらい、保護者と民生委員との顔つなぎにもなっていると説明された。

## 5……豊橋市の取り組みの特徴と課題

### a）豊橋市の取り組みの特徴

### ア．こども家庭課の体制の充実

こども家庭課の業務に、子ども・若者支援が含まれており、幅広い年齢を対象にする施策を展開している。要保護児童担当は主査を入れて8人おり、4人の地区担当者は市内を南北に分けた担当地域を持っている。また、養育支援訪問事業の訪問員を係内に配置して支援を実施するなど、子育て支援とも連動した人員配置が充実している。

要保護児童担当の職員は、通信教育で児童福祉司任用資格を取得しているとのことであった。

### イ．児童相談所との良好な連携協働

児童相談所との間で双方の事例について、同行訪問や同席面接を実施できている。両事務所の地理的な近さも寄与して、共働した対応がスムーズに実施されていると感じられた。これは、双方が互いのアセスメントを信頼していなければなかなかできないことであろう。ヒアリングの中では、普段からの機関同士の関係づくり、良好な人間関係づくりが大切だと語られたが、現在の関係性は職員同士の良好な人間関係があって実現できているものだと思われる。また児童相談所にも、市の相談や連絡にきちんと対応するという姿勢があるためにできていることだと推察される。

### ウ．実務者会議の工夫

豊橋市の実務者会議はエリア別会議と、機関限定の会議とを併用していた。すなわち、市内を南北に分けて進行管理する実務者会議と、3機関により進行管理事例を洗い出すための実務者会議とが重層的に開催されている。地域別会議では、参加者が関与している事例を取り上げることで参加意欲を高め、機関限定会議では、要支援事例を含めてもれなく事例を洗い出しているといえよう。いずれも、実務者会議の実効性を高める工夫として注目される。

### エ．マニュアル作成の工夫と死亡事例を通じた改善

2008度及び2009年度のマニュアル作成において、参加機関職員のアンケートや、モデルケースでの意見交換を経て、各機関が使いやすいマニュアルを作成してきており、そのことでネットワークへの参加意欲を高めることに寄与できている。マニュアルを作成する過程で、参加機関の意識を高める工夫が見られる。

その後に発生した不幸な死亡事例を通じて、関係機関の情報共有を進めるシステム化が図られており、庁内連携の改善事例として注目される。

### b）今後に向けた課題

### ア．実務者会議のさらなる工夫

地域別実務者会議では、情報を出し合うだけになってしまう傾向が指摘された。より深い事例検討が必要と感じているとのことであり、部会制なども必要かもしれないと話された。また、南北に分けて開催してはいるものの、事例に関係することが少ない機関の参加意欲が低下してしまうことも課題としてあげられた。

3機関実務者会議については、教育担当部署を入れることを検討する必要も感じているとのことであった。

なお、個人情報の収集において、実務者会議にあがっていない事例の場合に協力が得られないことがあることが課題として指摘された。

### イ．アセスメントツールの必要性

児童相談所との協働など、豊橋市での機関連携は職員間の人間関係の良好さがあって実現できている面があると思われた。市の虐待対応事例数に比して、児童相談所への送致件数が0という点にもそれが表れているだろう。

しかし、職員の異動を考えれば、どういうときに双方が連絡し合うのかをわかりやすい基準で示しておくことも必要になるだろう。ヒアリングの中では、市でできる部分は市でやり、児童相談所の協力が必要であれば一緒に動いてやっていくという雰囲気があると語られた。しかし、連携を見える形で

できるように決め事として設ける必要性も感じているとのことであり、アセスメントシートの検討をしているとの話があった。

　また市における対応事例の終結においては、ポイントがはっきりしていないと終結ができず、長く残ってしまう傾向が指摘された。見守るポイントをしっかり作り、そこが解決したらいったん終結するという構造化が必要と感じるという発言もあった。

　機関連携を進め、また事例を見守る視点を共有するためにも、アセスメントツールの共有が必要となっていると思われる。

# 6……まとめ

　豊橋市の子ども家庭福祉は、若者支援までを包含したこども家庭課を中心として、庁内の子ども関連部署が連携した体制を構築してきている。その過程では、自治体としてのマニュアル作成の工夫と、一方で不幸な死亡事例からの学びによる改善策とがあって、現在のシステムを構築してきている。この庁内連携のシステムは、他の自治体にとって参考になる取り組みであるといえよう。

　要保護児童対策ネットワーク協議会も、実務者会議の持ち方の工夫をしながら、関係機関の参加意欲を高め、実効性を持たせる工夫をしてきている。

　総じて活発な活動が展開されている自治体といえるが、これは職員の熱心さや、関係機関との人間関係を良好に維持する姿勢からもたらされているところが大きいと感じた。児童相談所と市こども家庭課との良好な協働関係がその1つの証左である。

　今後は職員が代わったとしても、その良好な連携協働が維持される必要がある。そのためには、より実効性のある実務者会議運営やアセスメントツールの開発なども必要となるだろう。豊橋市の今後の取り組みにさらに注目していきたい。

# 現在の相談体制の状況について

豊橋市こども未来部こども若者総合相談支援センター 主査　北村　充

　愛知県豊橋市における子ども家庭相談体制の状況についてご紹介します。

　豊橋市では、2017年10月に「こども若者総合相談支援センター」を相談支援拠点として開設しました。従来、市役所本庁舎内にあった家庭児童相談室と要保護児童対策地域協議会の調整機関機能をこども若者総合相談支援センターとしてわかりやすい場所に移転するとともに、市内にあった困難を抱える若者の相談を受ける「子ども・若者総合相談窓口」も同じ場所に移転し、一体的な運営を行っています。そのため、こども若者総合相談支援センターは児童福祉法に基づく「子ども家庭総合支援拠点」の役割と、子ども・若者育成支援推進法に基づく「子ども・若者総合相談センター」の役割を複合的に担う相談支援拠点となっています。また、愛称を「ココエール」とし、ここからエールを送る（応援する）という願いを込め、市民や子ども、関係機関にも親しみを持っていただくよう周知啓発にも取り組んでいます。

　また、こども若者総合相談支援センター（以下「ココエール」という）では要保護児童対策地域協議会の事務局と子ども・若者支援地域協議会の事務局の両方を兼ねていますので、支援対象としては0歳から40歳未満、妊娠・出産から子育て、自立までの切れ目のない相談支援拠点となっています。

　一方、豊橋市の「子育て世代包括支援センター」は保健所とこども未来館の2か所にあり、いずれも保健師によって妊娠届の受付、母子健康手帳の交付が行われています。保健所では「ママサポーター」（保健師・助産師）が主に妊娠から出産直後の乳児や妊産婦の健康相談などに、こども未来館では「チャイルドサポーター」（保健師・保育士）が主に子育て期の地域情報の提供や育児・発育の相談などに応じています。支援拠点であるココエールと包括支援センターが同一機関・同一場所とはなっていませんが、ココエールはこども未来館に隣接していることから情報共有や伝達などの連携は取りやすくなっています。

　子ども家庭総合支援拠点であるココエールは、虐待通告の対応や多機関連携によるケースワーク、要保護児童対策地域協議会の調整機関、養育支援訪問事業を主な業務とし、常勤職員が9名、非常勤職員が5名の人員体制です

（2018年度）。職員は、児童福祉司と同等資格を有する職員をはじめ保健師、臨床心理士、社会福祉士、保育士、退職教員など多職種となっています。

　また、ココエールには会議室が2室（以前はこども未来部共有で1室）、相談室が3室（以前は1室）あり、毎月行われる実務者会議や個別ケース検討会議の場所として確保しやすく、保護者との相談や家族面接なども積極的かつ柔軟に行えるようになっています。まだまだ試行錯誤の段階ではありますが、相談内容に応じて臨床心理士による発達検査を行い、箱庭遊びを通じて子どもとコミュニケーションを取るなど様々な対応により支援の充実に向けて取り組んでいるところです。

　さらに、ココエールでは困難を抱える若者に関する相談支援機能も有しており、これに関しては豊橋市から民間支援団体への委託業務として実施しています。ココエールに民間支援団体の相談員2名が常駐し、主には高校生の不登校、ひきこもりや20代・30代の親子関係に関する相談などに、電話や面接、同行訪問などによって対応しています。

　子ども家庭相談において児童虐待や不登校、非行などへの緊急的な介入が行われる一方、十分な課題解決に至らないまま義務教育を終えたり、18歳を迎えたことで終結してしまう事例があったり、児童養護施設などを退所した後の支援や社会資源が十分ではない実情があります。豊橋市としては、子ども家庭総合支援拠点と子ども・若者支援を一体的に行うことで、少しでもこうした実情を改善できるよう取り組んでいます。

　いずれにおいても、ココエールはまだ開設したばかりで、人材育成や関係機関との連携、アセスメント、貧困対策などの課題もあり、取り組みが不十分な面もあります。今や市区町村における在宅支援の重要性は、どれだけ強調されても足りないくらいの重点施策です。全ての家庭に必要な支援が行き届き、全ての子どもが健やかに育まれるよう、絶えず市区町村を総体として捉えながら、体制強化に取り組む必要があると感じています。

# 8.
# 東京都町田市の取り組み

―― 市内を細分化したエリアでのネットワーク構築

川﨑二三彦

東京都町田市のヒアリングは、2015年7月30日に行った。以下は、基本的にこの日を基準にして述べたものである。なお、ヒアリング及び本稿執筆に際しては、事前アンケートへの回答、「町田市子ども・子育て支援事業計画」(2015年3月)、「新・町田市子どもマスタープラン」(2016年2月)、さらに町田市子育て支援ネットワーク(要保護児童対策地域協議会)が発行している「子ども虐待対応マニュアル」(2015年4月)その他を参考にした。

## 1……町田市の概要

市のホームページに掲載されている「まちだガイド」(2016年3月発行)には、「町田市のプロフィール」として、次のような説明があった。

町田市は東京都の南端にあり、半島のように神奈川県に突き出ています。多摩丘陵の西部から中央部を占める位置に立地していて、東西22.3キロメートル、南北13.2キロメートル、面積は71.80平方キロメートル、人口は42.7万人、世帯数は19万世帯です(2016年1月現在)。

市制は1958年2月1日に施行され、東京都で9番目に生まれた市です。古くから横浜に向かう街道は「絹の道」とも呼ばれ交通の要所であり、商都として繁栄してきました。近隣からも多くの人たちが集まり、商圏人口200万人の一大商業都市へと発展しています。

図1　町田市の位置

　また、周辺部は緑豊かな自然や文化遺産などがあり魅力ある都市を形成しています。そして、市内には多くの大学もあり、街に出ると若者がたくさん集まる活気に満ちた元気なまちの姿をそこかしこで見ることができます。

　ヒアリングでは、まず最初に、こうした市の特徴について、さらに説明があった。
「町田市は隣接自治体数も多く、東京都では八王子市、多摩市、神奈川県では相模原市、大和市、また川崎市や横浜市とも接していて、例えばお隣の相模原市と行ったり来たりする方も、かなり多くいらっしゃいます。そうしたことから、業務上もいろんな自治体とやりとりすることが多いかなと思います。地域的な特色としては、開発によって大型マンションや戸建て住宅が多数生まれ、UR・公社などの団地群が多いこと、新宿や横浜にも電車1本で行ける利便性などから、転入者のほうが多い点をあげることができます。都営住宅もかなり多くあります。市街地の中心である町田駅前に、109MACHIDAができまして、今までは渋谷に行っていたお子さんたちが、町田に遊びに来るようになっております。人口が増加の一途をたどっていて、もうすぐ43万人になろうかという状況で、児童人口は約7万人。かなり人が集まる街になってきたと思います」

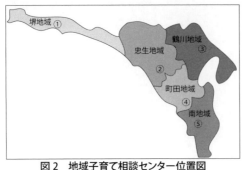

**図2　地域子育て相談センター位置図**
（市のホームページをもとに作成）

このようなお話であった。

なお、町田市が市制に移行する前は、町田町、鶴川村、忠生村、堺村、南村に分かれていたとのことで、この旧5町村が、現在の児童家庭相談等においても5つの地域として位置づけられており、地域子育て相談センターもブロックごとに5か所設置されているという（図2参照のこと）。この点については、後ほど改めて触れることとしたい。

## 2……町田市の子育て施策

### a）新・町田市子どもマスタープラン

　町田市では、2015年3月に、「町田市子ども・子育て支援事業計画」を策定しているが、ヒアリング後の2016年2月には「新・町田市子どもマスタープラン」が出されている。新プランの「はじめに」によると、「この計画では、前プランの理念を継承し、『子どもの権利実現』『子どもと親がともに成長する』『地域の中で家族を孤立させない』『市民と行政の協働』の基本的な視点のもと、3つの基本目標を掲げ計画を推進」していくとのことで、このプランの背景にある「町田市の子どもと家庭」をめぐる状況については、次のような指標が示されていた。すなわち、

　　○本市の出生数の推移をみると、2010年から年々減少

　　○0～18歳未満の人口推移をみると、2013年をピークに年々減少

　　○0～19歳までの人口推計をみると、2015年以降減少が続く

　　○合計特殊出生率の推移をみると、東京都を上回っているものの、全国の平均を下回る水準で推移、2014年においては東京都のポイントを0.09ポイント上回り、1.24である

○女性の年齢別就労状況（2010年）をみると、35～39歳まで就業者が増加しているのに対し、40～44歳以降は減少

○核家族世帯数の推移をみると、一般世帯数、単独世帯数ともに年々増加しており、2010年で11万543世帯

○ひとり親世帯数の推移をみると、父子世帯数が減少傾向にあるのに対し、母子世帯数は年々増加傾向にあり、2010年で2002世帯

○転入・転出者数の推移をみると、転入が転出を上回る状態が続いており、年齢別でみると、20～30歳代が転入・転出者の半数を占めており、特に20～24歳、35～39歳で転入が転出を上回る人数が多くなっている

○子ども家庭支援センターの相談件数の推移をみると、年々増加傾向にあり、虐待に関する相談の増加が大きく、2014年度には405件

○不登校児童数（公立）の推移をみると、小学校はほぼ横ばいで推移、一方、中学校では2013年度まで減少傾向にあったが、2014年度で368人と増加

などである。これらをふまえて打ち出されたのが、左記でも述べられた「3つの基本目標」だ。すなわち、

　　「子どもが健やかに育ち、一人ひとり自分の中に光るものを持っている」
　　「子どもが安らいでいる家族があり、家族が地域とつながっている」
　　「子どもが地域の中で大切にされている」

以上の3点である。


## b）町田市子ども家庭支援センター
### ア．子ども家庭支援センターとは

「町田市子ども家庭支援センター」について記述する前に、東京都で広く設置されている「子ども家庭支援センター」について、概観しておきたい。

2005年3月に、東京都保健福祉局少子社会対策部が示した「子ども家庭支援センターガイドライン」によると、東京都では、2004年児童福祉法改正に先駆けて、身近な区市町村における子どもと家庭への相談体制の整備を図ることとして、1995年から「子ども家庭支援センター事業」を開始している。

この事業は、「ケースマネジメントの手法により、子どもと家庭に関するあらゆる相談に応じ、関係機関と連携しながら、子どもと家庭を支援するネットワークを構築するもの」とされている。

また、2003年度からは、「増加する児童虐待への対応も含めた機能拡充を図るため『児童虐待の予防と早期発見、見守り機能』を付加した先駆型子ども家庭支援センターを創設」したという。

なお、「町田市子ども家庭支援センター」は、2002年4月に発足し、2003年度からは、「先駆型子ども家庭支援センター」となっている。また、2001年に設置された「町田市子育て支援ネットワーク連絡会」は、2006年4月に、法定の要保護児童対策地域協議会と規定され、子ども家庭支援センターが「調整機関」として位置づけられている。

### イ．組織体制

まず最初に、町田市子ども家庭支援センターの組織体制についてお尋ねした。

それによると、2015年度からは、これまで係の位置づけだったセンターが、新たに課へと格上げされ、体制が強化されたという。それにともない、「ひとり親相談担当」が、センター組織に組み入れられ、図3のような体制になっている。

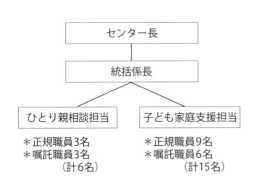

図3　町田市の相談体制組織図

また、子ども家庭支援担当に関しては、町田市がもともと5つの町村であったものが合体して市制が敷かれたという歴史的な経過もあって、つい最近までは、5地域にそれぞれ1名ずつ担当ケースワーカーが配置されていた。しかしながら、次第に相談ケースが増えてく

る中で、それでは対応しきれない状況となり、現在は5つの地域を合計14のブロックに細分化し、常勤、非常勤を合わせた15名の職員を、それぞれのブロックに1～2名ずつ配置しているとのことであった。

### ウ．マルガリータ／子どもショートステイの家

　子ども家庭支援センターのおもな業務は4つあるとのことで、「子育て総合相談」「児童虐待についての相談・通告への対応」「ショートステイ（宿泊保育）・トワイライトステイ（夜間保育）」「育児支援ヘルパーの派遣」だという。子育て総合相談や児童虐待への対応等は、本ヒアリングにおいても中心的にお聞きしたテーマであるが、それらは後述するとして、最初に、ショートステイ・トワイライトステイ及び育児支援ヘルパーの派遣についてお尋ねした。

　ショートステイ・トワイライトステイを実施している施設「マルガリータ」について、市が出している案内パンフレットには、次のように紹介されていた。

> 　『マルガリータ』は子どものショートステイとトワイライトステイ専用の施設です。（児童）養護施設バット博士記念ホームの敷地内に専用の建物を建てて使っています。専任の保育士が泊まりこんでお子さんのお世話をするので、家庭の雰囲気そのままで普段と同様の生活ができます。原則として、自分の小学校、幼稚園などへの通学、通園ができるように送迎をします。子どもショートステイの家『マルガリータ』は安心安全快適です。簡単な子育て相談もできます。

――どんな方が利用されているんですか？
「町田市在住の2歳から12歳までのお子さんを預かっていますが、利用目的としては、やはり親御さんのレスパイトというのが多いかなと思います。母子家庭の方とか、精神疾患のある親御さんなど」
――定員は？

8．東京都町田市の取り組み　　**197**

「10人ぐらいまでですね」
——年間どれぐらいの方が利用されていますか？
「延べ日数を2014年度実績でみると、ショートステイが2190日、トワイライトステイで1825日、合計で4000日を超えています」
——かなりの利用状況ですね？
「リピーターの方も多いです。ただし、回数制限ですとか連泊制限があります（トワイライトステイでは原則として年間30日まで、ショートステイ1回につき7泊まで）。それでも多くの方に利用していただいています。実は、現在の立地が市の北寄りであるため、南部地域の方の利便性がそれほど良くありません。南側にもう1か所設置できればいいのですが、簡単ではありません」

**エ．育児支援ヘルパー派遣事業**

　この事業については、市のホームページでも「〜育児支援ヘルパーの派遣〜産後から最大2歳まで利用ができる子育て・家事のサポートサービス」と銘打って取り組んでいた。チラシに図4のようなキャッチフレーズを書き込んで、利用を促しているが、対象となるのは次のようなお子さんのいる家庭だという。

　　〇単体児は、出産し退院した翌日から満2歳の誕生日前日まで（累計480時間まで）
　　〇双子は、出産し退院した翌日から満2歳の誕生日前日まで（累計720時間まで）
　　〇三つ子以上は、出産し退院した翌日から満4歳の誕生日の前日まで（156日／1年間）

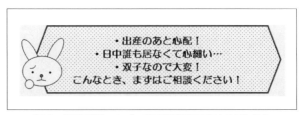

図4　育児支援ヘルパー派遣事業市民向けチラシから

○派遣時間は、午前8時〜午後7時まで。1日連続して2・3・4時間の利用のみです。

○サービス内容

　・育児に関する援助及び助言、相談（沐浴、授乳、オムツ交換、兄姉児の幼稚園・保育園等の送迎）

　・家事に関する援助（食事の準備、簡単な掃除、衣類の洗濯、買い物）

　・健診への付き添い（1か月健診などの付き添い）

ヒアリングでは、本事業について、次のような説明があった。

「これまでは、おもに出産後の支援という意味で、退院した日の翌日から、生後2か月までとしていたんです。けれど、ショートステイ・トワイライトステイ事業の対象が2歳以上なので、生後2か月から2歳までの間、利用できるサービスがないことになります。そこで、内容を精査し、今年度から2歳まで利用できるようにしました」

――具体的にはどのようなサービスを？

「ときどき誤解されるんですが、利用される方が、普通のホームヘルパーだとかベビーシッターと勘違いされるんですね。その点については初回訪問時に、きちんと制度の説明をさせてもらっています」

――どこが違うんでしょうか？

「このサービスの特徴は、ヘルパーが派遣されている間、基本的にはお母さんとお子さんにも同じ場にいていただくということですね」

――その場にいてサポートする。

「そうです。お子さんを預かっている間、お母さんが『じゃあ、ちょっとお茶飲みに行く』というのはお断りしています。そこが、ベビーシッターさんとの違いです」

「ただし、きょうだいがいる場合は別です。お母さんと産まれた赤ちゃんが一緒にいることが条件なので、例えばお兄ちゃんを幼稚園バスの待合場所まで送ってほしいといった要望があれば、『じゃあ、お母さん赤ちゃんみててね。お兄ちゃんは連れて行くから』というのはサービスの範囲に入ります」

「要するに、育児支援ヘルパーの仕事は、育児のお手伝いを主として、家事

サービスに関する部分もお手伝いするんです。居住スペースの部分をお掃除するとか……。ただ、目的は『産後の母体の体力回復、及び育児に関する助言相談や生活リズムの安定』としているので、『何でもやる』ではなく、あくまで『お手伝い』なのです。このあたりがホームヘルパーやベビーシッターと大きく異なります」

──ファミリー・サポート・センター事業とも違うんですね。

「ファミサポですが、町田で最も多い利用形態は送迎の補助なんです。けれども、育児支援ヘルパーは、あくまでも家の中での家事サービスです。その点が大きな違いかなと思います。それと、ファミサポは、援助会員さんが対応されるわけですので、一般の方ですよね。こちらは、子育てサービスが提供できるような業者を選んで契約しており、保育士の資格がある方などを派遣しています」

──出産されたお母さんにとっては大変助かる制度だなと思ってお聞きしていたんですが、対象年齢を2歳まで引き上げたことで、ニーズに応えきれるのかなという気もしました。いかがでしょう？

「2歳まで引き上げたことについての反響はありました。もちろん限度はありますが、今のところ、『回れません』ということでお断りしたご家庭はありません」

当初の予定では、市町村の児童家庭相談の状況や、要保護児童対策地域協議会の運営、また児童相談所との関係などを中心にヒアリングすることとしていたが、上記で述べたショートステイ・トワイライトステイや育児支援ヘルパーの派遣事業なども興味深く、時間を割いてお話をうかがうこととなった。

児童相談所と違い、住民に身近な自治体としてこうした種々のサービスを行うことは大変重要なことであり、比較的規模の大きな自治体の体力を生かした取り組みだろうと考えたが、参考になる取り組みだと感じた。

### オ．子育て総合相談・児童虐待への対応

町田市の子育て相談に関して目を引いたのは、相談窓口に対する広報啓発

図5 「ひとりで悩んでいませんか〜子育て相談窓口」から

活動の取り組みである。例えば、「ひとりで悩んでいませんか〜子育て相談窓口」と題されたA6判の冊子を開くと、いきなりマンガから始まって（図5参照）、最後のシーンには、コーヒーを飲みながら思案する母の姿があり、思い切って携帯電話を手に取った先からは、「子ども家庭支援センターです」の応答があるというつくり。そのうえで、ようやく次のページから、「子育てをしている方へ」というメッセージや、「困ったら相談しよう」という子ども家庭支援センターの具体的な業務の紹介が始まっていくのである。
――なかなか工夫されたパンフレットですね。
「この冊子は、中にちょっとマンガも入れてますが、うちの職員が手描きで描いたものなんです。内容的にはかなり精査しました。私どもとしては、結構わかりやすいのではないかと考えています。保健予防課の方にご協力を頂いて、1歳半健診のときにみなさんにお配りしていますが、中にはこのマンガを読んで、相談をしてこられた方もあります」
――納得できます。ところで、こちらのリーフレット（「困ったとき悩んだときは相談してね」）は？
「小学校4年生になるお子さん全員に渡しているものですね」
――内容をよく見ると、虐待という言葉はありませんが、児童虐待の4つのパターンが示されていますね。

「中の絵を見ると、ちょっと暗くて怖い印象もあるので、もう少しいいものにならないかと思っているんですが、小学校4年生であれば、これぐらいの内容は理解できるかなと考えて作成をしました。やはり、子ども本人にもこうしたメッセージは届けたいですから」
——なるほど。

なお、町田市では、妊娠届の提出時、母子健康手帳と一緒に「母と子の保健バッグ」（通称「母子バッグ」。妊婦健康診査受診票14枚、妊婦超音波検査受診票1枚やマタニティマーク、各種保健事業の案内が入っている）を手渡しているが、センターでは保健予防課の協力を得て、先に述べた「育児支援ヘルパー派遣事業」や「子ども家庭支援センターパンフレット」などのチラシを同封させてもらい、広報啓発に努めているとのことであった。

また、相談件数の推移は図6のとおり。なお、ここでその他とされているのは、電話相談として受け付け、助言等で対応したものが主なものとなっているとのこと。

2013年度以降の大幅な増加は、受理方法の変更（2013年8月に改定された

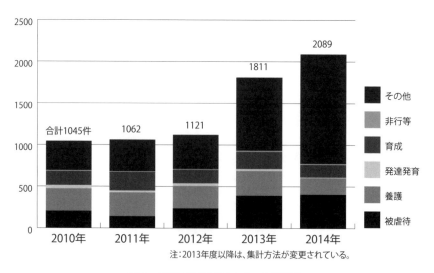

注：2013年度以降は、集計方法が変更されている。

**図6　子ども家庭支援センター相談件数**
（新・町田市子どもマスタープランをもとに作成）

厚生労働省「子ども虐待対応の手引き」に基づき、虐待通告を受けた児童に同居のきょうだいがあれば、「心理的虐待」のおそれがあるとして受理するよう徹底した）によるものとされているが、虐待相談は、2010年の205件に対して、2014年度では405件となっており、増加傾向が顕著といえよう。相談内容に関しては、「精神疾患を持つ母親への対応や、これにともなう子どもへの虐待、さらに発達障がい児に関する相談などが多い」とのことであった。

### カ．子ども虐待対応マニュアル

町田市では、早くから虐待対応マニュアルを作成しており、なおかつ、繰り返し改訂作業を続けている。2015年5月に「子育て支援ネットワーク連絡会」（次の項目参照）が発行した最新の「子ども虐待対応マニュアル」（図7）によると、「虐待の早期発見と迅速かつ適切な対応を共通認識の元で行うこと」を目的に、初めて「子ども虐待防止対応マニュアル」が出されたのは2004年。その後、2006年に一部改正、2010年に大幅改正を行い、2015年には、「内容を一から精査して」「見やすく、そして明確に」を目標に、このマニュアルを発行したのだという。

ヒアリングでは、本冊子について次のような説明があった。
「今回のマニュアルにつきましては、昨年度1年をかけて内容を精査しました。その際、都内の自治体さんすべてからマニュアルを提供していただき、生かせるところは積極的に取り入れさせてもらいました。作成にあたって出された意見で多かったのは、『文章が多いと、やっぱり誰も読ま

図7　子ども虐待対応マニュアル

ないよね。読む時間ないよね』ということでした。ですので、『見てすぐわかりやすい』『見やすく明確に』というコンセプトで見直したわけです。今回のマニュアルでは、図を多くするよう心がけました」

「せっかく作った冊子も、活用しなければ意味がないので、今年の4月に、関係機関すべてに配布いたしました。配布に際しては、例えば学校ですと、校長室、職員室、保健室、この3か所には置けるようにと考えて、小中学校各校に3部ずつ、保育園、幼稚園については、園長先生用と職員用ということで各2部を配布しました。それから民生児童委員さんに関しては、みなさんお一人おひとりに手にしていただきたいとの思いで、全員にお渡ししております」

　市町村は、都道府県と比べて住民に身近な基礎自治体として位置づけられているが、人口規模が大きくなるにつれて、種々のサービスをすべての住民に周知するには、様々な工夫が必要となるのかもしれない。その点で、町田市の取り組みには、学ぶべき点があると感じられた。なお、こうした広報・啓発活動を工夫していく動機には、子ども家庭支援センターとして、市内の子どもたちに責任を持つという自負、自覚があるからだと推測した。

　「子ども虐待対応マニュアル」の作成、配布にしても、上記で示した責務を自覚している姿勢が貫かれているように思われた。


## 3……町田市のネットワークの仕組み

### a）地域ネットワーク会議

　町田市における要保護児童対策地域協議会は、「町田市子育て支援ネットワーク連絡会」であることは、すでに述べたとおりである。設置要綱をみると、連絡会は「代表者会議」「地域ネットワーク会議」「関係者会議」の3層構造になっており、ここでいう「地域ネットワーク会議」は、いわゆる実務者会議としての位置づけであり、「関係者会議」が個別ケース検討会議の役割を担うとされている。

　町田市の協議会（連絡会）の特徴の1つは、「地域ネットワーク会議」にあ

ると思われるので、この点を中心に見ていきたい。というのは、先に子ども家庭支援センターの組織体制について「5つの地域を合計14のブロックに細分化」していると説明したことと符合して、「地域ネットワーク会議」も、この14ブロックそれぞれで開催しているからである。機械的に計算すれば、人口3万人に1か所の実務者会議となろう。ここまで細分化していることにも驚かされたが、会議は14ブロックそれぞれで最低でも学期に1度、年3～5回開催しているというのだから、大変な開催回数になる（2013年度、2014年度とも、年間51回の開催となっている）。

　一方、「関係者会議」（個別ケース検討会議）は、直接関係している機関を参集し開催されているとのこと（2013年度は130回、2014年度は113回開催）。

——「地域ネットワーク会議」には、どんな方が参加されるんですか？

「地域の全小学校、中学校、保育所等の代表者や学童保育クラブ、生活援護課、保健所、児童相談所などですね。また、民生児童委員さんは地区の会長や主任児童委員さんがほぼ確実に参加されています」

——全体で何人ぐらい？

「1ブロックで、だいたい30人ぐらいでしょうか。新しく保育所が新設されれば、こちらから呼びかけて連絡会の構成員になってもらい、参加をお願いします」

——最初からこういう体制だったんですか？

「いえ、もともと堺地区で、学校と児童委員さんの連絡会が2か月に1回ぐらいのペースで開かれていたんです。そのやり方をネットワーク連絡会として取り込み、他地域にも波及させたといえばいいでしょうか。先ほど言いましたように、保育園の数がすごく増えているんですね。それらをすべて吸収しているうちに機関が多くなりすぎて、人数的にも抱えきれなくなり、分けざるをえなくなっていきました」

——児童委員さんも重要な役割を担っているようですね。

「熱心な方が多いので、私たちも助かっているんです。見守りなどもお願いしています」

——ええ。

「ただ、一口に見守りといっても、人によって理解の仕方も違いますから、2週間なら2週間の間に、『この時間帯に、このようなことを確認してください』といった形で、なるべく具体的な内容をお伝えし、報告もいただいています」

——子ども家庭支援センターは、調整機関ですから、こうした会議の案内も出され、会議を主宰されているわけですね？

「はい。地域ネットワーク会議は、あらかじめ年間スケジュールを立てるようにしており、各ブロックの担当者に加えて、同一地域の別のブロックなどから応援を出しますので、私どもセンターからは3〜4名で出かけます。開催通知の発送から、当日は会場設営、出席確認、司会進行、記録まで行い、終了後には欠席者にレジュメを送付するなどもし、最後に報告書を作成します」

——すごい仕事量ですね。

「少ない職員で普段はケースワークしながら、それ以外にこういう業務を行いますので、正直言って手一杯です。担当者は常に過重な荷物を背負っている状態といえます」

——取り扱うケース数はどれぐらいになりますか？

「要保護、要支援合わせて、センター全体で2000ちょっとではないでしょうか」

——うーむ、やはり大変ですね。地域ネットワーク会議では、どんなケースが取り上げられるんでしょう？

「地域によって多少の違いがありますが、大きく分けると、1つは子ども家庭支援センターで管理しているお子さんの近況ですね。当該事例に関与している各機関から直近の情報をいただきます。もう1つは、センターに通告するほどではないけれどちょっと心配があるという事例も、地域の方々から出していただいてやりとりします。ただ、センターで管理しているお子さんについては、各機関と頻繁に連絡し合っていますから、この場で改めて情報を出すということはそれほど多くないように思います。むしろ参加された方々に、『この事例についてはセンターが関与してますよ、もし、みなさんがか

かわるようなことがあったらぜひ連絡ください』とお願いするような意味合いもあるかなと思います」

「職員には、なるべく各関係機関に出向いて顔を見せる、立ち寄るだけでもいいと話しています。やはりコミュニケーションの積み上げが大事なんですね。というのは、そういうコミュニケーションがないと、質問も出てこないんですよ。質問が出てこなければ、誤解したまま推移することだってあります。逆に『こういうときって、うちはどう対応すればいいの？』といった質問が出されれば、具体的な説明もその都度できますし、それが連携を密にしていくきっかけにもなります。ひいては虐待の未然防止にもつながっていくのではないかと思うんです」

　人口規模が大きくなるにつれて、市に1つの実務者会議が設置されているだけではケースが多くなりすぎて進行管理も形骸化しやすいというのは、いずこの自治体でも経験していることであろう。それらを解消する試みとして、部会を設けたり、いくつかの地域に分割するという取り組みが各地で行われている。とはいえ、人口40万人あまりで14のブロック（平均すると人口約3万人に1か所程度）に分けて実務者会議を開催しているというのには驚かされた。加えて、各ブロックごとの実務者会議に約30人の方が参加しているということも特筆すべきことかもしれない。児童相談所職員その他、中には同一人物がいくつかの実務者会議に参加することもあるだろうが、それにしても、単純に計算すると町田市の中で400人以上の人が実務者会議に参加していることになる。これは大きな力となりうる、もしくはすでに大きな力になっているのではないかと推測した。

### b）児童相談所のかかわり

　町田市を管轄するのは、八王子児童相談所である。八王子児童相談所は、町田市のほかには八王子市、日野市を担当しているが、上記で指摘されているとおり、地域ネットワーク会議には、特別な事情がない限り必ず参加しているとのこと。思わず尋ねてしまった。

――全部の会議に参加するとなると、多忙を極める児童相談所の担当者はか

8. 東京都町田市の取り組み　　**207**

なり大変だと思うんですが、「ちょっとしんどい」といったような声はありませんか？

「そこはそれ、私たちも児童相談所からの要望には最大限協力していますし、〈お互い様〉ということで来ていただいています。結果としてコミュニケーションも取れていると思うんです」

——児童相談所は、関係者会議（個別ケース検討会議）にも参加されますか？

「そちらは、ケースバイケースでしょうか。児童相談所が主担当ケースであれば、もちろん参加されますし、こちらが要請した場合も来ていただいていますが、出席できない、されない場合もあります」

### ア．児童相談所との進行管理会議

　児童相談所との関係では、地域ネットワーク会議とは別個に、「児童相談所との進行管理会議」を年4回開催しているとのこと。おもには、互いに管理している事例について確認し合うものだという。以前は、「児童相談所との連絡会」と称して、原則的に月1回のペースで実施していたものを、今年度（2015年度）から改めたとのこと。その背景としては、児童相談所から町田市のセンターまで1時間以上かかるという物理的な要素のほか、児童相談所側にすると、管轄している町田市、八王子市、日野市の3市で同様の会議を開催すると合計12回になり、児童相談所的には毎月開催になって、スケジュール管理のうえでは都合がよいといったことも影響しているのではないかとのことであった。

### イ．具体的な連携

　実際の事例への対応を尋ねてみると、児童相談所から市に対して、例えば「養育困難の事例がある」といった連絡が入り、援助や調査についての依頼などがあれば、市として経過がないまったくの新規ケースであっても、話し合いのうえで同行訪問するなど、連携した取り組みを行っているという。

——先ほどのお話でも、児童相談所と町田市の距離は、結構離れているよう

ですが、児童相談所の方は訪問等に素早く来られるのでしょうか？

「確かに、児童相談所と町田市を1日に何往復もするわけにはいきません。また、児童相談所の方も多くのケースを抱えていらっしゃるので、一度こちらに来られたら、何件も訪問されている感じですね」

——町田市を担当する児童福祉司は何人ですか？

「確か6人ですね。以前は4人だったのが5人になり、6人になった。それでも大変ご多忙ですから、『いっそのこと、センターに児童福祉司専用の椅子を置いてあげますよ』なんて言ってるんですけどね（笑）」

町田市を担当する児童福祉司は6人だとはいえ、地域ネットワーク会議にすべて出席し、センターとの連携を密に図っている様子がうかがわれた。一方で、関係者会議（個別ケース検討会議）については、必要に応じて出席することとしており、必ずしもすべて出席するわけではないとのこと。また、お話の中で「お互い様」といった趣旨の表現も聞かれたことなども考えると、市と児童相談所の関係は、それぞれが独立した機関としての自負を持ち、対等の関係で連携をしているように思われた。市町村と児童相談所との関係を考えるうえで、参考となる関係のあり方の1つではないかと感じられた。

## c）研修

市では、「町田市子育て支援ネットワーク連絡会」として、つまり要保護児童対策地域協議会として年2回、定期的に研修会を開催し、ネットワークを構成する個人や機関全体に参加を呼びかけているという。2回の研修会の第1回は、初任者向けとして経験3年未満の方を対象に、7月頃を目処に実施していた。ねらいとしては、新しくネットワーク構成員に加わった人に基本的なことを知ってもらうこと、経験3年に満たない人には、それまでの取り組みの振り返りの場として利用してもらうといったことが考えられている。

ヒアリングの場で、2015年度第1回研修会の資料をいただいたが、タイトルは「町田市子育て支援ネットワーク連絡会の概要と役割について」となっており、子ども家庭支援センター長が講師を務めていた。読ませていただくと大変わかりやすく、本原稿を作成するにあたって参考になったところもあ

った。新しく構成員になった方々には、ある意味で必須の内容といってよいように思われた。

　研修の第2回は、「スキルアップ研修」という位置づけで、児童虐待防止推進月間に合わせて11月頃に開催しているとのこと。ネットワーク構成員の要望などもふまえながらテーマや講師を選択しており、2014年度は「精神疾患をもつ保護者への対応」をテーマに実施、今年度は、「ゲートキーパー」をテーマとして検討しているとのことであった。

――ゲートキーパーを考えたのはなぜですか？

「児童虐待にかかわっている中で、親御さんの自傷行為というのがかなり目立っているんですね。今、自殺対策の分野では、ゲートキーパーが注目されています。そこで、健康推進課にお願いして、我々ネットワークの構成員は皆ゲートキーパーになりうるんですよというあたりのことを話してもらおうと考えています」

　第1回目の研修は、基本的には3つの機関からの講師によって実施しており、1つは子ども家庭支援センター自らが講師を引き受けているとのこと。次に、町田市を管轄する八王子児童相談所に依頼して、児童相談所とはどういうものなのかを説明してもらう。もう1つは、毎年その時々のトピックスであるとか、市としての課題などを検討して適当と思われる方に講師をお願いしているとのことであった。

――研修企画に、かなり明確な方針があるように思いました。こうした取り組みが最初からできあがっていたとも思えないんですが、どんな経過があるんでしょうか？

「そうですね。最初は、5地域それぞれで取り組んでいたんです。けれども、同じようなテーマに関心が向くのは当然と言いますか、複数の地域で同じ先生を講師としてお願いするようなこともあって、それはちょっと組織として問題じゃないかというご指摘もあり、地域をとっぱらい、センターとして市域全体をカバーした研修をしようということになりました。こういう形になって3〜4年になるでしょうか」

――お話をうかがうと、逆に5地域それぞれが地域としてまとまりがあり、

センターは、地域的なまとまりを尊重しながら、全体的な動きを考えている
ような印象です。

「福祉分野に限らず、町田全体が、だいたいそういう考え方なんですよ。今、
地区連絡協議会っていう、地域ごとの協議会みたいなのを作ってるんですが、
それも5地域を単位にしています。市内を分割する際には、『まず5地域』と
いうのが根底にありますね」

――そうか、いろいろな市町村の話を聞くと、中には無理して細分化し、運
営に苦労しているという話も耳に入ることがあります。その意味では、分割
するにしても歴史的な経過をふまえているので、1つのまとまりとしてネッ
トワークを作りやすいわけですね。

「流れの中で、自然に形づくられてきたという面はあると思います」

――関係機関の方が多くて、考え方もいろいろだと思うんですが、その意味
でも全体で研修することの意味があるような気がしました。

「そうですね、研修後の感想など聞きますと、少しずつご理解いただいてい
るなと感じます。ただ、どうしても参加する方に偏りもあり、研修の時間帯
の関係で欠席せざるを得ない方もありますので、さらに努力が必要ですが、
やっていく価値はあるかなと思っています」


## 4……町田市の取り組みの課題

　最後に、子ども家庭支援センターとしての今後の課題についてもおうかが
いした。

――子ども家庭支援センターとして、様々な工夫をされて取り組まれている
ことがわかり、本日は大変参考になりました。とはいえ、今後のさらなる充
実に向けて、おそらくは、強化したい点ですとか、現在の課題なども問題意
識としてお持ちではないでしょうか。全国的には、人材育成などで困ってい
る自治体も多いとお聞きしています。その点も含めておうかがいできればと
思います。

「センターとして、さらにレベルを上げるためには、やはり人員の確保とい

うのが一番の課題だと思います。率直に申しますと、少なくとも現在の14ブロックすべてに正規職員をキープしたい。14のブロックに配置している地区担当のケースワーク業務以外にも、電話相談や来所相談がありますから、そこの部分を嘱託さんにお願いし、地域のケースワークは正規職員というのが理想の形かなと思っています」

――確かに、今までお聞きしていたことだけでも膨大なお仕事をされているわけですからね。

「その部分がクリアできると、次の一歩が大きく進むのではないかと感じています。とはいえ簡単なことではないので、できる範囲で精一杯やっていくしかないですね」

――その他には？

「もう1つ大きな課題として、子ども家庭支援センター職員のスキルアップという問題があります。というのも、センターで一番古い職員でも経験3年なんです。あくまでも市役所の一組織という形になっていますので、どうしても異動のサイクルが早いんですね。そのためベテラン職員が育ちにくい。そこで、やむなく2年目の人が1年目の人を教え、1年目の人は少しでも早く自立できるようにと考えてはいますが、日々対応に苦慮しています」

――いずこも抱えている課題ですね。

「常に勉強していく姿勢が大切ですが、それだけで追いつくわけでもないので、実は今、センター職員のための所内マニュアルを準備中です。子ども家庭支援センターができて約10年になりますが、とにかく現場に行って現場で覚えるというやり方でやってきて、これまでマニュアルのようなものはありませんでした。しかし、まずは職員としての共通理解を図っていくことも必要ですから、児童相談所さんにも相談しながら、1年かけて研究しているところです。できあがれば、3年、4年ごとには見直しをするつもりですが、所内の細かいルールだけでなく、どうして子ども家庭支援センターがあるのかといったことも書き加えられればと考えています。そういった根本の部分がわからないで現場に行くと、訪問した先の親御さんも不安になるということも起こりえますからね」

212　　第2部　先進自治体の取り組み事例

町田市は、要保護児童対策地域協議会の構成員に初任者研修、ステップアップ研修を企画するなど、全体のレベルアップについて意識的な取り組みをしているが、そうした協議会の調整機関であるセンター自体のレベルアップについても課題意識を持って取り組んでいることがわかった。また、センター職員が3日間、八王子児童相談所で研修・交流をする取り組みもしておられた。市役所全体の人事方針もあって、質量ともの体制強化は一朝一夕に達成できるものではないかもしれないが、センターの存在意義などを全庁的に理解してもらうよう努め、体制強化がなされることを期待したいところである。

## 5……まとめ

　比較的小規模の自治体では、児童福祉をはじめとする援助機関と住民との距離は近く、要保護児童の把握なども比較的容易である反面、援助を担当する職員、また専門職などを確保することが困難で、援助の体制づくりが難しいという側面がある。他方、比較的大きな人口規模の自治体では、一定の組織体制を作って取り組むことはできても、要保護児童対策地域協議会で登録される児童数も非常に多くなってケースの進行管理が困難となり、援助の網の目から落ちこぼれてしまう事例が生じるという危惧がつきまとう。

　町田市は、人口40万人を超える規模となっており、どちらかといえば後者に属する自治体といってよいだろう。そこで、ヒアリング前には、今述べたような課題があるのか、また、課題があった場合、どのように対処されているのかを知りたいと考えていた。

　実際にお話をうかがってみて印象に残ったのは、援助機関の紹介や、種々のサービス事業の啓発活動に工夫を凝らし、住民の隅々に行き渡るよう努力されている姿であり、要保護児童対策地域協議会の実務者会議を細かく分け、なおかつ地域のほとんどの関係機関を巻き込んでネットワークを構築していることであった。加えて、市独自の事業展開や要保護児童対策地域協議会構成員に対する研修を企画するなど、規模の大きさをうまく利用した取り組み

を展開していることも印象に残った。換言すれば、規模のメリットを生かしつつ、具体的な援助に際しては、地域を分割するなどして小回りのきいた取り組みができるよう工夫していたといえよう。

こうした取り組みを行うこととなった背景には、要保護児童対策地域協議会の調整機関である町田市子ども家庭支援センターが、自らの役割を自覚し、市の地勢や歴史経過をふまえて無理なく地域割りを行うなど、実情に沿った計画を立て、実行しているといった点が考えられよう。

とはいえ、こうした援助活動をさらに充実させ、継続していくには、課題もあった。それは、このような取り組みを必要十分に行い得る体制の確保、充実であり、経験豊富な人材の育成である。この点は、全国共通の課題でもあり、町田市の今後の取り組みに注目したい。

# 現在の相談体制の状況について

町田市役所 子ども生活部子ども家庭支援センター
センター長　田村　裕

## 1. 現在の相談体制

2018年度の相談体制で、2015年7月のヒアリング時との変更点は2つあります。

第一に、「子ども家庭相談担当」を2ラインとし、それぞれに「統括リーダー」を置き、指導・育成や情報集約をしやすくしました。

第二に、「ひとり親家庭相談担当」に「事業・庶務担当」を合併させ、そこに新たな「統括リーダー」を置きました。これにより、この後紹介をする「子どもの貧困対策」に対応するための組織強化を行いました。

相談員数は、「子ども家庭相談担当」は正規職員8名、非常勤嘱託員8名とし、「ひとり親家庭相談担当」は正規職員6名、非常勤嘱託員3名となっています。

先ほども述べたとおり、「子どもの貧困対策」に対応するための組織強化として、「子ども相談担当」から1名配置換えを行っています。

## 2. 新たな取り組み

町田市子ども家庭支援センターの新たな取り組みの中で、最も大きなものとして「子どもの貧困対策」があげられます。

これは、2014年8月に閣議決定した「子供の貧困対策に関する大綱」や、2015年2月に内閣府で決定した「ひとり親家庭・多子世帯など自立応援プロジェクト」という国の動向を受けて、町田市では2016年4月に「子育て世帯の自立応援プロジェクト」を立ち上げ、支援計画を策定することとなりました。

計画の策定にあたっては、「町田市子育て支援ネットワーク連絡会（要保護児童対策地域協議会）」を母体として、「町田市子育て支援ネットワーク連絡会レポート（子育て世帯の自立応援プロジェクト実施計画）」を2017年2月に策定しました。

この計画に基づく新たな事業として「まこちゃん教室（町田市ひとり親家庭等子どもの生活・学習支援事業）」を2017年度から実施しています。この事業では「基礎学力の定着促進」「自学の促進」「幅広い社会性の定着」を目的に、「集合型学習支援」「派遣型学習支援」を、小学校4年生から中学校2年生までの計50名の子どもを対象に実施しました。

　その他の事業としては、2016年4月から開始した「まこちゃんダイヤル」は、子どもが自ら相談することができるようにフリーダイヤルとしています。

　またあわせて、2017年度から市内の小学校6年生を対象とした「出前講座（子どもの虐待啓発活動）」で、児童虐待について理解を深めるとともに、身近なところに相談できることを周知しています。

　さらに、2018年11月には「子ども向け虐待防止啓発リーフレット」を一新し、2019年4月から市内の小学校4年生約5000人に配布予定です。この3つの事業を組み合わせ、子どもからの相談を増やすとともに、虐待を受けた子どもが大人になったときに虐待をしてしまう「虐待の連鎖」を断ち切ります。


3．おわりに

　2016年に児童福祉法が改正され、新たに「逆送致」が2019年から実施されます。これにより、町田市の虐待相談件数は、年間200件程度増え、2017年度の虐待相談件数は497件なので、約1.4倍の虐待相談件数となる見込みです。

　この件に対応するために、「新たな人員の確保」と「人材育成の強化」が急務となっており、待ったなしの状況となっています。

# 9. 大分県大分市の取り組み

―― 市域を分けたセンター設置と臨床心理士の配置

安部 計彦

## 1……大分市の概要

### a）大分市の一般的特徴

　大分市は、九州の東端、瀬戸内海の西端に位置し、周辺部に山々が連なり、市域の半分を森林が占めるなど豊かな緑に恵まれている。県下の二大河川である大野川と大分川が、これらの山々を縫うように南北に貫流しながら別府湾に注いでいる。その下流部は大分平野を形成している。海岸部において北部沿岸海域は水深が深く、東部海岸は豊予海峡に面したリアス式海岸で天然の良港となっている。

図1　大分県大分市の位置

　市域は東西50.8キロメートル、南北24.4キロメートル、面積502.39平方キロメートルと九州でも有数の広い市（107市中15番目、県庁所在地では、宮崎市、鹿児島市に次いで3番目）となっている。

　1911年に市制が施行され、高度経済成長期には、新産業都市として、鉄鋼、石油化学、銅の精錬など重化学工業を中心に発展を遂げ、近年ではIT関連企業が進出

するなど様々な産業が集積している。

　交通では、日豊、久大、豊肥の鉄道3線や高速道路など県内外からの主要幹線道が合流している。また、豊後水道を経由して内外に通じる海上交通が発達し、東九州における経済活動の一大拠点を担っている。

## b）人口構成

　人口規模は2015年3月末現在で47万7853人であり、県内人口の約4割を占める。また児童人口は同月で8万2441人である。

　産業別就業人口（15歳以上）では、第1次産業1.85％、第2次産業22.45％、第3次産業70.49％、その他5.21％となっている。人口は、ホームページで確認できた1947年以降増加を続けている。

## c）家庭の社会的指標

　2015年2月に作成された大分市子ども・子育て支援事業計画である「すくすく大分っ子プラン」の報告書によれば、大分市の出生数は2006年以降毎年およそ400～500人でほぼ横ばいの傾向である。また合計特殊出生率は、2005年の1.33以降上昇傾向にあり、2012年は1.51となっている。全国平均の1.39と比較すると0.12ポイント高くなっているが、人口置換水準である2.07には及ばない状況で、将来的には少子化の進行が予想される。

　また、大分市の世帯数は一貫して増加傾向にあり、2013年9月末現在は20万9826世帯となり、1963年と比較するとおよそ4倍となっている。一方、一世帯あたりの人員は年々減少傾向にあり、2013年9月末現在は1963年と比較しておよそ半数の2.3人となり、小規模化が進んでいる。

　さらに男性の育児参加については、大分県では、就学前の子どもを持つ夫の家事・育児時間（1日あたり・週平均）が2006年と2011年を比較すると、55分増加しており、伸び幅は全国一となっている。一方、就業時間は、全国では増加しているが、大分県では94分減少していた。

　なお大分市福祉保健部発行の「大分市の福祉と保健平成26年度」版では、2014年3月31日現在の生活保護率は全国と同様に増加傾向にあり、18.55‰

となっている。

また、認可保育所（園）66か所、公立・私立幼稚園57か所、小学校58校、中学校27校、学童保育（児童育成クラブ）55か所である（2014年4月1日現在）。

## 2……大分市の子ども家庭相談の仕組み

### a) 子育て支援の歴史と仕組み

大分市では、子どもに関する相談や児童虐待対応の体制強化を図るため、2006年度に「児童家庭相談センター」を設置した。2010年度に「子ども家庭支援センター」に名称変更し、市民に身近な地域で子どもに関する相談や児童虐待に対応できるよう市内3か所に同センターを設置した。

### b) 子ども家庭相談体制

大分市の子ども家庭相談の担当課は福祉保健部福祉事務所子育て支援課に属し、中央子ども家庭支援センター、東部子ども家庭支援センター、西部子ども家庭支援センターの3センター体制で行われている。

なお子育て支援課には、ほかに管理・企画担当班、給付・自立支援担当班が市役所本庁舎内にあり、庁外に、子育て交流センター、母子生活支援施設、児童館がある。

子ども家庭支援センター3か所の合計職員数は25名で、常勤職員20名、非常勤職員5名である。この25名のうち専門職は13名おり、所持している資格は、社会福祉士、臨床心理士などである。中央子ども家庭支援センターは職員14名のうち3名，東部子ども家庭支援センターは6名のうち2名，西部子ども家庭支援センターは5名のうち2名が臨床心理士であり、臨床心理士の割合が高いのが特徴である。

なお中央子ども家庭支援センターの人数には、DV相談担当の職員（常勤3名、非常勤1名）を含んでいる。

表1 相談の種別

| | 養護相談 | | 保健 | 障がい | 非行 | 育成相談 | | | その他の相談 | 計 |
| | 児童虐待 | その他 | | | | 性格行動 | 不登校 | その他 | | |
|---|---|---|---|---|---|---|---|---|---|---|
| 2013年度 | 696 | 733 | 16 | 49 | 32 | 279 | 98 | 258 | 188 | 2349 |
| （割合 %） | (29.6) | (31.2) | (0.7) | (2.1) | (1.4) | (11.9) | (4.2) | (11.0) | (8.0) | (100) |
| 2014年度 | 649 | 819 | 16 | 47 | 10 | 372 | 101 | 203 | 341 | 2558 |
| （割合 %） | (25.4) | (32.0) | (0.6) | (1.8) | (0.4) | (14.5) | (3.9) | (7.9) | (13.3) | (100) |

表2 相談の経路

| | 児童相談所 | 市福祉事務所 | 保健センター | 保育所 | 警察 | 学校 | 家族・親族 | その他 | 合計 |
|---|---|---|---|---|---|---|---|---|---|
| 2013年度 | 421 | 115 | 333 | 70 | 14 | 238 | 824 | 334 | 2349 |
| （割合 %） | (17.9) | (4.9) | (14.2) | (3.0) | (0.6) | (10.1) | (35.1) | (14.2) | (100) |
| 2014年度 | 567 | 129 | 433 | 62 | 3 | 266 | 821 | 277 | 2558 |
| （割合 %） | (22.2) | (5.0) | (16.9) | (2.4) | (0.1) | (10.4) | (32.1) | (10.8) | (100) |

表3 相談の処理

| | 面接指導 | | | 児童相談所送致 | その他 | 合計 |
| | 助言指導 | 継続指導 | 他機関あっせん | | | |
|---|---|---|---|---|---|---|
| 2013年度 | 707 | 1463 | 9 | 45 | 125 | 2349 |
| （割合 %） | (30.1) | (62.3) | (0.4) | (1.9) | (5.3) | (100) |
| 2014年度 | 720 | 1477 | 3 | 49 | 309 | 2558 |
| （割合 %） | (28.1) | (57.7) | (0.1) | (1.9) | (12.1) | (100) |

## c) 子ども家庭相談の実際

大分市における児童虐待相談を含む子どもに関する相談件数は年々増加しており、その内容も深刻化・複雑化している。特に精神疾患を抱えた保護者に関する相談が増えている。

なお地域別の相談件数は、市の中心部を管轄する中央子ども家庭支援センターが最も多く、次いで東部地域を管轄する東部子ども家庭支援センター、西部地域を管轄する西部子ども家庭支援センターとなっている。

大分市の特徴は、児童虐待相談が多いと同時に、「その他の養護相談」も

多いことがあげられる（表1）。このことから、虐待が発生する前に子どもや家族が抱える困難に対して、積極的に予防的なかかわりを行っていることが推察される。

表2の相談経路では、児童相談所の割合が高いことが特徴である。これは児童相談所が受理した事例であっても、市で対応・支援が可能な事例については、子ども家庭支援センターが積極的な支援を行っていることが背景として考えられる。

表3の処理では、継続指導の割合が高い。子ども家庭支援センターが子どもや保護者に対し、継続的な支援を行っていることがうかがわれる。

## 3……大分市の子ども虐待対応の状況

### a）虐待相談に関する統計

2014年度の児童虐待相談を分類別でみると、心理的虐待が件数・割合とも高く、虐待相談の半数近くになっている。次いで身体的虐待とネグレクトが同程度である。

心理的虐待が増加している背景には、子どもの面前DVによる心理的虐待の警察から児童相談所への通告件数の増加が考えられる。また泣き声や怒鳴り声通告の増加も心理的虐待が多い理由でもある。

**表4　虐待相談に関する統計**

| 2013年度<br>虐待対応件数<br>（割合 ％） | 内訳 | | | | 児童相談所への援助依頼 | 児童相談所長への送致 |
|---|---|---|---|---|---|---|
| | 身体的虐待 | ネグレクト | 心理的虐待 | 性的虐待 | | |
| 計696件<br>（100） | 165<br>（23.7） | 201<br>（28.9） | 316<br>（45.4） | 14<br>（2.0） | 0 | 26 |

| 2014年度<br>虐待対応件数<br>（割合 ％） | 内訳 | | | | 児童相談所への援助依頼 | 児童相談所長への送致 |
|---|---|---|---|---|---|---|
| | 身体的虐待 | ネグレクト | 心理的虐待 | 性的虐待 | | |
| 計649件<br>（100） | 172<br>（26.5） | 164<br>（25.3） | 304<br>（46.8） | 9<br>（1.4） | 0 | 27 |

9．大分県大分市の取り組み

表4では、全体の対応件数や種別ごとの増減はあるが、単年度での比較や明確な分析は危険である。

ただ表4の一番の特徴は、児童相談所への援助依頼が2年連続して0件である一方、児童相談所長への送致が26〜27件となっている点である。これは、児童相談所とは日常的に連絡を取り合い、協力して事例への支援に取り組んでいるため、わざわざ援助依頼という事務的な形式を取る必要はないが、一時保護や施設入所など分離が必要と思われる事例については、「送致」が行われるためである。

### b) 児童相談システム

大分市の特徴として、市域を3つに分けて子ども家庭支援センターを設置して、身近な場所で相談支援が行えるだけでなく、各センターの福祉職も心理士も担当中学校区を持っていることがあげられる。

### c) 会議

大分市の要保護児童対策地域協議会は3層構造の会議で構成されている。

また実務者会議の位置づけとして、市内の各中学校区で「子どもを守る地域ネットワーク会議（以下「地域会議」とする)」を開催している。

各会議の開催状況は2013年度、2014年度で、代表者会議は各2回、個別ケース検討会議は125回と118回であった。実務者会議は25回と39回であるが、うち各中学校区で開催される地域会議が13回から27回に増えたことが増加の要因である。

### ア．代表者会議

年2回開催し、要保護児童の取り扱い件数や事業経過報告等を行うとともに、連携・協力体制の強化に努めている。そのため多くの関係機関から、近況や取り組み状況等の報告を求めると同時に、積極的な意見交換を図るように努めている。特に医療機関代表が出席しやすいように、開催日時も病院の休診時間に合わせている。

### イ．実務者会議（定期連絡会議）

大分県中央児童相談所が提唱して大分県内すべての市町村で行われている取り組みである。大分市の保健所、教育委員会、子ども家庭支援センター（調整機関）と県中央児童相談所の4者により毎月開催し、要保護児童等のケース進行管理を行っている。また2014年11月からはケースに対する適切な支援方針を協議するために年4回は全体で行い、残りの月は各センターごとに開催している。

2007年度より台帳管理は市が実施しており、参加機関は共通の台帳を使っている。会議では、新規分の報告と継続事例で情報更新が必要な事例を台帳のページごとに説明している。なお現在の3センター合わせた管理ケースは約500件程度である。

### ウ．実務者会議（中学校区子どもを守る地域ネットワーク会議）

中学校区を単位として、地域の関係機関が相互に連携・協力して児童虐待問題等に対応できるようにすることを目的に、中学校をはじめ、小学校、幼稚園、認可保育所（園）、民生委員・児童委員、児童相談所、交番（警察）、医師、保健師、認可外保育施設など、地域のあらゆる機関に参加を促している。

2012年度から取り組みをはじめ、2014年度より市内全27中学校区で開催している。

場所は公民館や市役所内の会議室などを使うが、開催時期は中学校の都合に合わせて中学校区ごとに決めている。参加者は少なくて15名くらい、多いと30名程度になる。

開催時間はおおむね1時間半で、前半30分程度は要保護児童対策地域協議会についての説明や、通告方法、守秘義務の確認など知識的な事柄を伝えている。後半は地域での顔の見える関係づくりを目的とした模擬事例を使ったグループワークを行う。これらのことを通して、通告のタイミングや相互連携による支援についての共通理解を図るとともに、対応力の向上に努めている。

実施後のアンケートからは、「関係機関を知らなかった」「センターに相談しやすくなった」といった回答が多く、実際に子どもの所属機関からの問い合わせや相談が増加している。

### d）マニュアル
#### ア．大分市作成のマニュアル
　大分市では関係機関向けに独自に「子ども虐待対応の手引き」を2013年3月に作成した。

　第1章の「子ども虐待について」では、児童虐待の種類や虐待が起こる要因、子どもへの影響などについて説明している。第2章は「子どもを虐待から守るために」として、虐待予防や通告義務、要保護児童対策地域協議会の仕組み等について紹介している。そして第3章は「各関係機関の対応マニュアル」として虐待を疑うサイン、子ども・保護者へのかかわり方、通告のための諸様式を説明した後、各関係機関を4グループに分けて対応について説明している。最後に資料編として、児童福祉法などの抜粋と同時に、通告先機関や相談機関の一覧を掲載している。

　この関係機関向けマニュアルは、イラストや図表がカラーで多用されており、とても見やすい冊子である。また内容も、しつけと虐待の違いや協議会での情報共有と守秘義務の関係を簡潔にわかりやすく説明しており、関係機関が児童虐待についての共通理解を持つうえで的確と思われる。

#### イ．大分県作成のマニュアル
　大分県と大分県教育委員会では、教職員・保育従事者向けに「児童虐待対応の手引き」を2012年度に作成している。

　大分県内の虐待対応件数や総務省による全国の小中学校職員への意識調査の結果など実情を詳しく記載すると同時に、早期発見のためのチェックリスト、保育園・幼稚園・学校における対応の流れ（フローチャート）、要支援ケースのアセスメントシートと要支援児童の支援体制・支援方針、継続的な在宅支援のポイントなどについて説明している。資料としては、児童福祉法

だけではなく、学校教育法、個人情報保護法、文部科学省の通知等も掲載している。

　このマニュアルは、おもに学校における児童虐待対応のあり方を明確に示している。


# 4……大分市のネットワークの仕組み

## a）調整機関

　大分市の特徴の1つは、調整機関である子ども家庭支援センターを市内3か所に設置している点である。このことにより、地域に密着した相談支援が可能になっている。また設置当初から心理士を各センターに配置することで、心理教育や心理的ケアなど、相談業務の充実を図っている。

　関係機関等から虐待通告があった場合には、心理士と福祉職の2名で同行訪問することを基本としている。心理士は子どもの特性や家族関係の見立て、保護者の話を聞きながら継続指導や関係機関へのつなぎなどの場面において力量を発揮している。

　2012年度から全中学校区で地域会議が開催されたが、調整機関職員である福祉職も心理士も担当の中学校区を受け持っており、その担当制により、地域の関係機関との連携はスムーズに進んでいる。

　毎週火曜日にセンター内でケース進行管理を行い、月1回の定期連絡会議で要保護児童等のケース進行管理を行っている。なお調整機関にはスーパーバイザーはおらず、迷ったケースについては随時、児童相談所に相談している。

## b）児童相談所との関係

　大分県中央児童相談所が市内にあり、日ごろから連携・協力しながら相互支援を行っており、市と児童相談所との関係は良い。2014年度後半には人事交流（交流型派遣研修）を行った。それとは別に、子ども家庭支援センターの新任職員は7日間児童相談所で実習研修を受ける。その内容は、講義

以外に一時保護所の体験や、児童福祉司に同行してケースワーク業務を理解することなどである。

　児童相談所に情報が入ったケースのうち、市での支援が必要な場合には児童相談所からの連絡により、打ち合わせのうえ、対応・支援している。また取り組むうえでは、市がすべきこと、児童相談所がすべきことの役割分担を確認している。

## c）運営上の課題
### ア．代表者会議
　現在、年2回開催しているが事業経過報告が中心になりがちで、いかに活性化させるかが課題である。

### イ．実務者会議（定期連絡会議）
　月1回開催している定期連絡会議については、現在参加を呼び掛けていない医療機関や生活保護担当部署、警察等の参加の是非が課題である。

### ウ．実務者会議（中学校区子どもを守る地域ネットワーク会議）
　関係機関同士の相互の連携・協力体制の構築のため、関係づくりから始めているが、今後は虐待予防に向けた取り組みや虐待の早期発見・対応のさらなる強化という観点から、いかに内容を充実するかが課題である。

# 5……大分市の取り組みの特徴と課題

## a）3か所の子ども家庭支援センター設置
　大分市は、市民に身近な地域で子どもに関する相談や子ども虐待に対応できるよう、子ども家庭支援センターを市内3か所に設置している。
　さらに、中学校区子どもを守る地域ネットワーク会議や各センターにおける定期連絡会議の開催など、よりきめの細かい地域での支援が可能になったと思われる。

**226**　　第2部　先進自治体の取り組み事例

### b）充実した職員体制

人口約48万人で3か所の子ども家庭支援センターの合計職員数25名は、他の同規模の市と比較して多い方ではないかと思われる。それ以上に注目されるのは、常勤職員が20名とその割合が高いこと、心理士が7名在籍して各センターに複数配置されていることである。

その結果、虐待通告には、専門職として採用された福祉職と心理士の複数で対応し、幅広い視点で検討し、的確な援助方針を見出している。また福祉職、心理士がともに担当校区を持つため、関係機関とも顔の見える関係を作りやすいと推察される。

### c）定期連絡会議による進行管理

大分県の主導により県内すべての市町村で行われているが、大分市でも毎月1回の保健、福祉、教育と児童相談所の4者による進行管理会議が開催されている。この場では4者による共通台帳を基本として情報交換や協議が行われている。この定期的な会議の積み重ねが、日常的な児童相談所と大分市の連絡や協議を生み、信頼関係が形成されていると思われる。

さらに2014年11月からは3センターごとに行われている。大分市の人口規模と管理ケースの多さから考えれば、3センターごとの定期連絡会議は必要と思われる。

### d）中学校区子どもを守る地域ネットワーク会議

以前から試行を重ねながら、昨年度から全中学校区で地域ネットワーク会議が年1回の頻度で開催されている。目的は、児童虐待や要保護児童対策地域協議会についての概要説明と、グループワークによる想定事例への対応方法の検討を通して、校区内の関係機関同士の連携強化と対応力向上を図ることにある。

児童虐待対応は市区町村調整機関だけでできるものではなく、虐待予防や継続事例への支援には地域の関係機関の理解と連携が不可欠である。現在はまだ啓発活動が中心であるが、今後は、この中学校区での地域支援ネット

ワークを実際にどう機能させていくかが課題となることが想定された。


## 6……まとめ

　大分市の特徴は、次の3点にまとめることができる。

　第一は、市としての子ども家庭相談や虐待対応に取り組む意識の高さである。これが管轄人口規模が同程度の自治体より充実した職員配置や職員体制を生んでいると思われる。具体的には、福祉の専門職や臨床心理士の採用や、市内3か所の子ども家庭支援センターの設置である。

　第二に、市のこの意識は職員の創意工夫を生んでいることが推定され、試行を繰り返しながら、中学校区子どもを守る地域ネットワーク会議の全市内での実施や、3センターでの定期連絡会議の開催につながっている。

　つまり、職員自らが業務を遂行する中で課題を見つけ、必要な取り組みを組織として推進する雰囲気は職員の業務へのモチベーションを向上させ、より積極的な業務への取り組みに結びつく良い循環を生んでいることが推察される。

　第三は、連携の良さである。県の児童相談所や市内・地域の関係機関ともお互いに助け合い、連携して取り組む姿勢が感じられた。

　機関連携は一朝一夕でできるものではないが、日々の業務の中で協議を繰り返し、協力して支援に取り組む中での成功体験の積み重ねが、幅広く前向きな多機関連携につながっていることが推察された。

# 現在の相談体制の状況について

大分市子どもすこやか部福祉事務所子育て支援課
中央子ども家庭支援センター 主査 管 智洋

大分市の人口は、2018年3月末現在で47万8222人であり、県内人口の約4割を占めています。また、世帯数は21万8643世帯、18歳未満の児童人口は8万878人です。

本市では、子どもに関する相談や児童虐待対応の体制強化を図るため、2006年度に「児童家庭相談センター」を設置、2010年度に「子ども家庭支援センター」に名称を変更し、市民に身近な地域で子どもに関する相談や児童虐待に対応できるよう、市の中心部を管轄する「中央子ども家庭支援センター」、東部地域を管轄する「東部子ども家庭支援センター」、西部地域を管轄する「西部子ども家庭支援センター」の3センターを設置しました。2018年4月現在、子どもすこやか部福祉事務所子育て支援課に属しています。

子ども家庭支援センターの合計職員数は2018年度28名で、常勤職員21名、非常勤職員7名となっており、各センターに、所長、ケースワーカー（主に社会福祉士等の福祉職）、臨床心理士、家庭相談員を配置しています。ケースワーカー及び臨床心理士は、中学校区ごとの担当制としており、一人当たりの担当校区は、ケースワーカーは2〜4中学校区、臨床心理士は4〜6中学校区です。

また、中央子ども家庭支援センターには、DV相談を担当する職員を3名（常勤職員2名、非常勤職員1名）配置しており、2018年8月に非常勤職員を1名増員しました。

本市における子どもに関する相談件数は、2007年度は893件であったのに対し、2017年度は2516件となり、10年前と比較すると約3倍に増加し、その内容も深刻化・複雑化しています。

相談の特徴は、件数でみると、児童虐待相談はここ数年横ばいで推移しているものの、その他の養護相談は増加傾向にあります。このことから、虐待が発生する以前から子どもや家庭が抱える困難に対して、子ども家庭支援センターが積極的に予防的なかかわりを行えているのではないかと考えています。

2017年度の本市の児童虐待相談を分類別にみると、心理的虐待が件数・割合ともに高く、全体の約6割を占めており、次いで、身体的虐待、ネグ

レクト、性的虐待となっています。心理的虐待が増加している背景には、子どもの面前でのDVによる心理的虐待への対応件数の増加があります。

警察からのDV目撃通告に係る取り扱いについて、大分県では、2017年度に作成した県児童相談所と県内市町村との申し合わせ事項により、警察から児童相談所に通告があった面前DVに係る児童虐待通告のうち、市町村への送致が妥当と判断した事例については、市町村が対応しています。

児童相談所とは、日常的に連絡を取り合い、協力して事例への対応・支援に取り組んでいるため、一時保護や施設入所が必要と思われる事例は速やかに児童相談所に送致しています。

本市の要保護児童対策地域協議会の特徴は、実務者会議の位置づけとして、児童相談所をはじめとする関係機関による「定期連絡会」と、中学校をはじめとする地域の関係機関の参加による「中学校区実務者会議」を開催している点です。

「定期連絡会」は、県中央児童相談所、子ども家庭支援センター、市保健所（母子保健担当・精神保健担当）、市教育委員会、警察（生活安全課）の5者により毎月開催しており、要保護児童等の台帳を共有し、情報交換や支援内容を協議するなど、ケース進行管理を行っています。3センター合計の管理ケース数は、毎月増減はありますが、600件程度です。

「中学校区実務者会議」は、中学校、小学校、幼稚園、認可保育所（園）、認定こども園、認可外保育施設、主任児童委員、警察（交番）、児童相談所、児童家庭支援センター、市保健所、市教育委員会、子ども家庭支援センターなど地域のあらゆる機関が参加し、市内の全27中学校ごとに年1回開催しています。関係機関同士が顔の見える関係を作りながらネットワークを構築するとともに、児童虐待通告のタイミングや相互連携による支援についての共通理解を図り、対応力の向上に努めるなど、各地域から虐待の発生予防や早期発見・早期対応に取り組むことを目的としています。

本市では、2016年の児童福祉法一部改正を受け、2017年度に子ども家庭支援センター（3か所）を「子ども家庭総合支援拠点（大規模型1か所）」として位置づけ、子ども家庭支援に係る業務や要保護児童等への支援業務等を行っています。

今後も、市民に寄り添いながら相談支援を行い、児童虐待の発生防止や早期発見・早期対応等に積極的に取り組み、子どもの権利を守るための市の役割・責務を果たせるよう、相談支援体制や職員の専門性のさらなる強化に努めていきたいと考えています。

第3部
# これからの市区町村子ども家庭相談の
# あり方を考える

第1章

# 進んでいる自治体の取り組みと課題

——子どもの虹情報研修センターヒアリング調査から

川松 亮

## 1……相談体制はどうなっているか

第2部で紹介した子どもの虹情報研修センターにおけるヒアリング調査結果をもとに、各自治体の特徴的な取り組みや共通して指摘された課題について整理し、今後の市区町村子ども家庭相談のあり方を考えてみたい。なお、本章の考察では、本書で紹介した自治体以外のヒアリング実施自治体に関する情報も加えて記述したい。

まず各自治体の相談体制を見ると、様々な工夫が見られたので、いくつかの点に整理して取り上げる（なお、配置人数はヒアリング調査時点のものである）。

### （1）人員配置の充実

各自治体ともに、人員配置の拡充が図られていたことが共通していた。小規模の自治体でもかなりの努力が払われており、人口の多い自治体ではその規模を活用した充実が図られていた。その中でも、常勤職員の配置や専門職員を多く雇用するなどの配慮が見られた。

例えば長野県池田町は人口が約1万人だが、子ども支援センターの相談体制は常勤3名、非常勤6名であり、専門職が多数配置され、しかも長期の勤続年数となっている。小規模自治体でも、常勤職員の複数配置、専門職員の配置、長期の勤続年数を実現できることは大いに参考にしたいところである。

232　第3部　これからの市区町村子ども家庭相談のあり方を考える

大規模自治体に目を転じると、例えば新宿区（人口約33万人）では、相談担当の正規職員だけでも、中核になる子ども総合センターに14名に加え、ブランチである4か所の子ども家庭支援センターにも数名ずつが配置されており、人員配置の充実ぶりが見られた。加えて、区内を5地区に分けて対応する取り組みを行っていた。また、滋賀県大津市（人口約34万人）の子ども家庭相談室は常勤4名と嘱託職員13名の構成であるが、常勤職員がケース進行管理を行い、13名の家庭相談員は小学校区ごとの担当制を取っていた。

　さらに愛知県豊橋市（人口約38万人）では、子ども家庭課の要保護児童担当に8名が配置されていたが、同じ係には子ども・若者支援担当3名も配置されており、計11名中で常勤が5名となっていた。要保護児童担当4名は市内を南北に分けた担当制を取るという工夫もなされていた。

　一方、大分市（人口約48万人）では、子ども家庭支援センターが中央・東部・西部の3か所に設置され、職員数は22名（うち、常勤が16名、専門職は17名）を擁しており、各センターには福祉職と心理職が複数名配置されていた。また、それら職員は中学校区での担当制を取っていた。福祉職と心理職がそろっていることは、市における支援の充実を図るうえで重要な点だと考える。

　愛媛県松山市（人口約52万人）についても触れておこう。同市では、教育相談と子育て相談を一体的に対応する子ども総合相談体制を取っていることが特筆される。ワンストップで相談を受ける窓口には、非常勤を含めた10名が配置され、土日祝日を含め夜9時まで相談を受け付けていた。子育て相談に対応する子ども総合相談センターは2か所に分かれており、職員は総勢39名であった（上記相談窓口担当を含む）。そのうち、常勤職員は30名、専門職が28名と充実していた。とりわけ、その中の20名が、養育支援訪問事業を実施する職員となっていることに特徴があった。

　以上に見てきたように、自治体の取り組みの経過の中で、必要に応じて組織を改編しながら職員配置を拡充してきていることがわかった。その過程では、他部署との一体化や、分離などの動きが見られ、自治体独自の発想により配置を工夫しながら充実を図ってきていた。一方で、ヒアリングの中では

さらなる人員配置の必要性が語られた。地域担当者を常勤職員でそろえるなど、さらなる充実が求められているのが実情であった。また、職員の経験年数の長期化もあわせて課題として指摘された。

### (2) 自治体内の地域割り

　次に取り上げたいのが、比較的人口規模の大きな自治体独自の工夫として、自治体内の地域割り体制が見られたことである。

　新宿区、大津市、豊橋市、大分市の取り組みについては（1）で触れたが、他の自治体においても、例えば兵庫県尼崎市（人口約45万人）では、合併前の旧6村の地区割りを生かし、6地区に保健中心の子育て支援連絡会を整備してきていた。現在では、6地区の特色を生かした要保護児童対策地域協議会に発展しており、実務者会議を6地区割りで開催していた。また、「子どもの育ち支援ワーカー」と命名されたスクールソーシャルワーカー6名が福祉事務所子ども家庭相談担当に配置されていたことも特筆されよう。

　また、東京都町田市（人口約43万人）では、市内を14ブロックに分け、それぞれに子ども家庭支援センターの職員を1～2名配置していた。後述するように、この地区割りは地域ネットワーク会議（実務者会議）の地区割りともなっている。さらに、埼玉県川口市（人口約59万人）では、保健センターの地区割りを活用して、市内を8地区に分け、8名の非常勤家庭相談員が2地区ずつを担当する体制を取るとともに、8地区ごとのケース検討会議を開催していた。川口市でも、この地区割りが実務者会議の地域割りと連動していた。

　こうした地域割り体制により、学校など関係機関との「顔が見える関係」を構築しやすくなり、連携が進んだというコメントが見られた。地域担当制は地域とのつながりを強める効果があると考えられる。また、人口規模の大きい自治体はケース数が多いことから、地域割りすることで担当ケース数を適正に保ちながら責任をはっきりさせる効果があるとも思われる。それぞれの自治体が合併によって成立してきた歴史的な経緯とも関連があるだろう。

### （3）関係機関との連携体制

　教育や保健分野と福祉分野との連携関係構築にも特徴が見られる自治体があった。例えば、大阪府熊取町では、子ども家庭課に学校指導参事と健康課長を兼任配置することで、児童福祉部門と学校教育課、健康課の協働体制を構築していた。さらに同町では、子ども家庭課・健康課・教育委員会合同で、すべての保育所・幼稚園・小中学校・学童クラブを年3回巡回する取り組みを実施していた。「何か困っていることはありませんか？」というスタンスでの訪問により、相談の敷居が下がって連携が効果的に進んでいると評価されていた。こうした取り組みは早めの相談や要支援からの予防的な関与につながっていると考えられる。

　さらに大阪府泉南市では、「子どもネット」（要保護児童対策地域協議会）の調整機関が子育て支援課だけでなく、健康福祉部保健推進課と教育委員会指導課を含め運営調整事務局と位置づけていた。また、すべての学校を教育委員会と合同で年5回ずつ巡回（巡回数は計125回）し、保育所・幼稚園には年3回巡回していた。福祉の側から積極的に訪問することで、関係を強める取り組みとして注目される。

　また、千葉県八千代市では、子ども相談センターのスタッフ（常勤6名、非常勤3名、うち専門職は8名）に、保健師、保育士、教員（教育委員会からの出向）、生活保護ケースワーカー経験者の4職種を継続して配置しており、各関連分野との関係を良好にする工夫がなされていた。関連分野の視点を統合した対応を行う点でも有効と思われる。また、子ども相談センターが保育所支援「はーと・ケア」を実施していたのも特筆される。


## 2……児童相談所との関係はどうなっているか

### （1）アセスメントの共有

　現在の子ども虐待対応は、市区町村と児童相談所との2層制で行われている。そのため、市区町村と児童相談所とが1つ1つの事例に関する認識を共有し、それぞれが必要な支援を行いながらも協働していくことが求められて

いる。その要となるのがアセスメントの共有であるといえよう。事例の理解を深め、そのために必要な情報を探り、結果として必要な支援を分担して行うためには、両者の間で十分な協議が行われなければならない。

　例えば大津市では、実務者会議の場で重症度アセスメントを共有していたし、新宿区や町田市では「東京ルール」（都内市区町村と児童相談所との役割分担やケース受け渡しのルール）に基づくリスクアセスメントシートの共通化を図っていた。また、松山市ではリスクアセスメントシートが県で統一されているとのことであった。

　一方豊橋市では、市職員と児童相談所職員との良好な関係性があり、同行訪問や同席面接も多く実施されていたが、アセスメントツールはヒアリング時点では整備されていなかった。必要性を感じないほどの関係性の強さがあったものと思われるが、職員が異動によって代わっていくことを想定すれば、今後はアセスメントツールの整備も必要かもしれないというコメントがあった。

　ここで青森市（人口約29万人）について触れておきたい。同市では、県が作成した「市町村と児童相談所の機関連携対応方針」（2012年3月作成）に基づき、児童相談所との協働が実施されてきた。同方針のもと、児童相談所が受けた事例について、児童相談所からの依頼で市が対応することがあるが、その際にも児童相談所と市がアセスメントを共有しながら判断をしていた。この方針は、対応ケースの特性に応じたフローが整備されていて、他の自治体にとっても参考になる役割分担ルールであると思われる。

## （2）児童相談所との協働関係

　（1）に既述したこととも関連するが、今回ヒアリングした自治体では、児童相談所との関係性が良好であるいう評価が多かった。

　しかしその関係性にもそれぞれに違いがあることが見受けられた。例えば、豊橋市では同行訪問や同席面接が多く、双方のケースに協働して対応していることがうかがえたが、一方で「市でできる部分は市でやり、児童相談所の協力が必要であれば一緒に動くという雰囲気」があると自己評価されており、

**236**　　第3部　これからの市区町村子ども家庭相談のあり方を考える

密接に連携しながらも、判断においては市が独立して行っている様子がうかがえた。

また、町田市でも、児童相談所からケースへの関与の依頼があれば、同行訪問などを実施していた。これに対して、ヒアリングでは「お互い様」というコメントが聞かれた。市と児童相談所とがそれぞれ独立した機関として自負を持ち、対等な関係で連携していることがうかがえた。

あるいは大分市では、「児童相談所に情報が入ったケースのうち市での支援が必要な場合には児童相談所から声がかかり、打ち合わせのうえ、一緒に行動することが多い。また取り組むうえでは、市がすべきこと、児童相談所がすべきことの役割分担を確認している」と話されており、双方の協議のうえで役割分担が進んでいる様子が見て取れた。

方針を巡っては児童相談所とよく協議するというコメントがおおむねの自治体でされていた一方で、協議を行っても意見が一致しない場合は児童相談所の方針に従うと述べられた自治体もあった。この点では、市独自の判断をしにくいという対応上のジレンマを感じさせられた。また、市に寄せられた情報を児童相談所に連絡して相談し、必要な場合は指示を仰いでいるという自治体があり、児童相談所に判断を委ねている実情も散見された。

こうしたいくつかの状況を見ると、市区町村と児童相談所との関係性にも自治体による質の違いがあると思われる。以下ではそれを3つのタイプに分けて記してみたい。

1番目のタイプは、市区町村の対応について、児童相談所の判断を求めたうえで行う場合であり、児童相談所の対応がスムーズに行われる限りは、関係性は良好と判断されるだろう。あるいは、市区町村は一定の判断をしたとしても、最終的な判断を児童相談所に委ねる場合も同様である。これらは児童相談所が市区町村からの相談に積極的に対応する姿勢があるかないかによって、関係性の善し悪しが異なるものと思われる。

2番目のタイプとして、ヒアリング自治体ではあまり聞かれなかったのだが、市区町村と児童相談所の双方が独自に判断をしながら、その判断が一致せず、なかなか協働した対応が取れないという場合があるだろう。こうした

自治体が意外と増えているのではないかとも想像する。そうした事態に対しては、両者の意見の相違を調整するシステム（例えば中立的な立場のスーパーバイザーの存在など）や、認識を一致させるための判断基準の整備、人事交流による認識の共有化などが必要になると思われる。

　3番目のタイプは、それぞれが自立的な判断を行い、なおかつ協働した対応が取れる場合である。このタイプの自治体はまだ少ないのではないかと思われる。

　すべてがこの3つのタイプに分けられることはないし、またこれらのタイプは時に応じて変化し、特に市区町村と児童相談所双方の職員の異動によっても変わっていくことが想定される。しかし、3番目のタイプのように、ケースの主担当機関がどちらかを確認しながら場合によっては変更したり、ケースの状況に応じてそれぞれができる支援を実施するといった、双方が自立しながら対等な関係で協働できる関係性を目指すべきであろう。

## （3）送致件数の少なさ

　ヒアリングした自治体の中には、市から児童相談所への送致件数が少ない（あるいはない）自治体が見られた。

　豊橋市は送致件数が2013年、2014年ともに0であったが、このことについて尋ねると、事例ごとにその都度、市と児童相談所との間で協議しており、重度の場合は児童相談所が主担当機関となっているとの説明があった。また、松山市では、児童相談所が動けない部分を要保護児童対策地域協議会が分担するという認識に立ち、児童相談所に対しても方針について意見を言える関係だと説明され、児童相談所とは一緒に動くという連携なので送致をする必要が少ないと述べられた。

　このように双方の関係性が良好な場合は、早くから情報共有し、児童相談所も必要な対応をすでに取っているのである。こうした場合は、児童相談所側に市の相談を受け止めて必要に応じて動くという姿勢があるともいえるだろう。こうして、市区町村と児童相談所の関係性が良好であると、送致等の手続きが必要のない状況に至れるのではないかと思われる。

## 3……要保護児童対策地域協議会の実効的な運営を
## 　　どう工夫されているか

### （1）実務者会議のエリア化

　人口規模の大きい自治体は、進行管理台帳の登録事例数を多く抱え、すべての事例を効果的に検討することが難しくなっている。また会議参加者にとっては、自分が関与している事例が少なくなることで、参加意欲の低下につながるという面も見られている。こうした課題を克服するために、各自治体では様々な工夫が行われていた。

　例えば町田市では、市内14ブロックごとに地域ネットワーク会議（実務者会議）を開催している。1ブロックが年3～5回、全体では年51回の会議を開催していた。児童相談所もすべてに参加している。この他に児童相談所とは年4回の進行管理会議を実施していた。

　大分市では、中学校区子どもを守る地域ネットワーク会議を全27中学校区について開催している。模擬事例でのグループワークを中心とした内容となっていた。この他に市全体の実務者会議が年4回行われ、また4者連絡会議が、市、児童相談所、保健所、教育委員会をメンバーとして毎月開催されていた。4者連絡会議については、年4回は全体で、残りの8回は3か所の子ども家庭支援センターごとに開催するという工夫がなされていた。

　あるいは川口市では、保健センターの8地区毎に3か月に1回の進行管理会議を開催しており、年32回の会議を開催していた。また、豊橋市では、市を南北に分けてそれぞれ月1回の実務者会議を開催しており、それ以外にも、市子ども家庭課、市子ども保健課、児童相談所の3機関に限定した実務者会議を月1回開催しているため、年36回の会議を開催していた。

　こうした小エリア化する取り組みは事務的な負担が大きいものの、取り上げる事例数を少なくして、互いによく知り合った支援者同士の中で検討でき、1つ1つのケースについて密度濃く効果的な検討を行うことにつながっていると考えられる。また、機関を限定した会議は、かかわりの多い機関が効率

第1章　進んでいる自治体の取り組みと課題　　**239**

表1　ヒアリング自治体の要保護児童対策地域協議会における会議構成の特徴

| | 人口 | 要保護児童対策地域協議会の特徴 | 回数 | | |
| --- | --- | --- | --- | --- | --- |
| | | | 代表者会議 | 実務者会議 | 個別ケース検討会議 |
| 長野県池田町 | 10,399 (2014.4) | 実務者会議を未就園児童と就園以降の児童で2つに分け、また「専門委員会」という会議を設けている。 | 2 | 15 | 18 |
| 大阪府熊取町 | 44,284 (2015.3) | 実務者会議を「虐待・養護」「障害」「不登校・非行」の3つの部会に分けている。 | 1 | 28 | 70 |
| 鳥取県倉吉市 | 49,341 (2015.3) | 代表者会議を周辺4町との合同で行っている。 | 1 | 3 | 85 |
| 大阪府泉南市 | 64,278 (2014.3) | 実務者会議を「子ども虐待防止部会」「子育て支援部会」「発達支援部会」「教育支援部会」の4つに分けている。 | 2 | 8 | 104 |
| 東京都日野市 | 180,944 (2015.3) | 8つの中学校区に分けて行っている「地域別会議」を含め4層構造になっている。児相と市との間で月1回の連絡会を開催し、進行管理を行う。 | 2 | 2（16）※括弧内は「地域別会議」 | 72 |
| 千葉県八千代市 | 193,861 (2014.9) | 実務者会議には、毎月1回開催される「進行管理連絡部会」が含まれる。 | 1 | 3（12）※括弧内は進行管理連絡部会 | 38 |
| 青森県青森市 | 294,055 (2015.4) | 代表・実務者・個別ケース検討の各会議のほかに「庁内ネットワーク会議」を位置づけ、庁内の情報を共有している。当該会議の翌月には実務者会議で児童相談所とも情報を共有するシステムを取っている。 | 1 | 6 | 3 |
| 東京都新宿区 | 328,787 (2015.4) | 実務者会議は機能別に「虐待防止部会」「子ども学校サポート部会」「発達支援部会」「若者自立支援部会」「事例検討部会」に分けて実施している（実質的には前3者が実務者会議の位置づけ）。 | 2 | 2 | 62 |
| 滋賀県大津市 | 342,031 (2015.4) | 代表・実務者・個別ケース検討の各会議の他に「連絡会議」と「特定妊婦に関する協議」を行っている。前者では発達障がいを含む障がい分野と、後者では医療機関との情報共有を行っている。 | 2 | 12 | 398 |

|  | 人口 | 要保護児童対策地域協議会の特徴 | 回数 | | |
|---|---|---|---|---|---|
|  |  |  | 代表者会議 | 実務者会議 | 個別ケース検討会議 |
| 愛知県豊橋市 | 377,962（2015.4） | 実務者会議は南北2つのエリアに分けて毎月実施している。また、これとは別に、こども家庭課、こども保健課、児童相談所の3機関のみで行う実務者会議を毎月開催している。 | 0 | 36 | 56 |
| 東京都町田市 | 426,648（2015.4） | 市制移行時の5町村を基礎に5か所の地域子育て支援センターを置いているが、実務者会議はそれをさらに14のブロック（1ブロックあたり平均人口3万人）に分けて、それぞれ年3～5回ずつ開催している。 | 2 | 51 | 113 |
| 兵庫県尼崎市 | 464,562（2015.4） | 代表・実務者・個別ケース検討の各会議の他、庁内の保健課や教育課や要対協の運営方法・議題を協議する拡大事務局会議を行っている。また、実務者会議は市内6地区を2地区ずつ合同して2か月に1回実施している。 | 1 | 18 | 152 |
| 大分県大分市 | 477,853（2015.3） | 実務者会議は、市全体で年4回実施している。市・児童相談所・保健所・教育委員会の4者連絡会議を市全体で年4回、3エリアごとに年8回実施している。また、全27中学校区で子どもを守る地域ネットワーク会議を実施している。 | 2 | 39 | 118 |
| 愛媛県松山市 | 516,571（2015.4） | 実務者会議は、2014年度まで「虐待部会」「いじめ・不登校問題行動部会」「養育支援部会」の3部会で実施していたが、2015年度からは部会を一本化して、年4回実施している。 | 1 | 11 | 123 |
| 埼玉県川口市 | 591,482（2015.4） | 実務者会議は保健センターの管轄区（全8エリア）ごとに、3か月に1回ずつ開催している。 | 1 | 32 | 85 |

第1章　進んでいる自治体の取り組みと課題　　**241**

的に事例の進行管理を行うことにつながっていよう。また、地域別の会議や機関限定型の会議などいくつかの会議を重層的に活用し、4層構造の会議としている自治体もあり、すべての事例が網の目からこぼれないような工夫がされていた。他の自治体においても参考になる取り組みだといえよう。

なお、小規模自治体でも部会等に分ける取り組みがあったことも特筆される。例えば池田町では、実務者会議を未就園の子どもと就園以降の子どもとに分けて、未就園の子どもについては毎月開催している。また、熊取町では実務者会議を「虐待・養護実務者会議」「障害実務者会議」「不登校・非行実務者会議」に分けていたり、泉南市では「子ども虐待防止部会」「子育て支援部会」「教育支援部会」「発達支援部会」の4つに分けていた。

## (2) 実務者会議で取り上げる事例の選定

進行管理会議ですべての事例を取り上げず、選別された事例について実施している自治体が多かった。例えば、「新規ケース、前回に課題があったケース、継続ケースで気になるケース、終結ケース」とするような自治体、「気になるケースを10件くらいピックアップする」という自治体、「関係機関の関与数が多い事例」とする自治体などが見られ、すべての事例を進行管理台帳にあげないとする自治体もあった。

検討事例をピックアップするための事前作業として、児童相談所と突き合せを行っている自治体、自治体内部の会議で選定している自治体があったが、どういう方法や基準でピックアップするかが重要となるだろう。すべての事例を進行管理会議にあげることが基本であろうが、事例数が多い自治体ではそうもいかないという事情がある。一方で、取り上げなかった事例に重大な事態が潜んでいるということもあり得る。事例を選定する作業の精緻化が求められていよう。

また、終結の仕方に悩みを抱えている自治体が多いと思われるが、今回ヒアリングした自治体の中には、終結について実務者会議の場で判断するとしていた自治体があった。この点でも自治体内部での一定の基準を設け、多機関合同の場で判断することが必要であろう。

なお、進行管理台帳に児童相談所の事例を登録していない自治体が見られた。児童相談所が主担当の事例であっても、市区町村内で生活が営まれているのであり、里親委託・施設入所事例であっても地域で暮らす家族への支援が必要である。今後は自治体内のすべての事例を登録したうえで、進行管理のあり方を検討することが必要と思われる点を付言したい。

## 4……自治体職員の積極的な姿勢

　ヒアリング自治体の多くからは、自治体職員の積極的な創意工夫の姿勢を感じさせられた。それぞれの自治体の歴史や経緯をふまえながら、あるいは虐待死亡事例などの振り返りから対応改善の強い動機をもって、職員が様々に検討してきたことがうかがえた。

　池田町では首長が要保護児童対策地域協議会の会長を担っており、早い時期から虐待問題の研修に首長が参加していたという話をうかがった。首長の理解を得て、そのリーダーシップによって施策が進められることは、自治体の取り組みの大きな前進につながるものであろう。

　ヒアリング自治体の多くの職員が各種の研修への参加や自己研鑽に励むなど、研究熱心さも感じさせられた。こうした職員の熱意が、自ら考え模索することにつながり、やがて自治体の施策を進めることになっていることを強く感じさせられたのである。

　中には大阪市西成区のように、積極的な民間団体による長い取り組みの歴史があって、その動きと行政とが結びつくことで、特徴的なネットワークが構築されている自治体もある。地域の子どもの状況から必要に迫られて活動を始めた民間の創意と、行政の熱心な姿勢とのコラボレーションは、地域のネットワーク活動を長期にわたって活発に維持できる原動力となるものであろう。

## 5……共通する課題と今後の方向性

　ヒアリングを通じて、共通する課題が見いだされた。以下、いくつかの点について課題解決の方向性を含めてまとめてみよう。

### （1）関係機関の認識の問題

　関係機関との連携に苦労している様子がうかがえた。関係機関からは「要保護児童対策地域協議会が指導すればよい」と言われる、といった言及があり、関係機関も自ら関与するという意識の醸成に課題があることがうかがえた。「市に言えば何でも対応してくれる」という認識があるとも述べられており、コーディネーターとしての市の役割がなかなか理解されていない状況が見られる。関係機関への意識啓発が引き続き課題となっている。

　そうした中、青森市では庁内ネットワーク会議を要保護児童対策地域協議会に位置づけて隔月で開催していた。他課の役割を理解し、各課が何をできるかを考える場として有効であると考えられる。また、大分市での中学校区子どもを守る地域ネットワーク会議でグループワークを実施している取り組みも、多機関の機能を理解しながら関係性を作っていくうえで有効なものと考えられる。

　また、要保護児童対策地域協議会の会議に対する関係機関の参加意欲の低下についても言及された。その背景として、会議で取り上げられる事例に関与していない関係機関が多いことがあげられた。こうした点では、実務者会議をより小規模なエリアにすることで、参加機関が事例に関与する確率が上がり、地域の事例としてより身近に感じられる可能性があることから、会議の形態を工夫することも検討に値すると考える。

　保育所・学校等が市に連絡した後、対応を任せた状態となって協力が得にくいことも指摘される。その点、池田町の年度初めの機関訪問や、熊取町と泉南市の保育所・学校巡回訪問など、福祉の側から出かけて行き理解を求める取り組みも大切となろう。そうした取り組みが展開できるような人員的なゆとりも合わせて必要となる。

## （2）進行管理ケースが多い

　人口規模の大きい自治体がどこでも抱えている課題であろう。そのため、実務者会議のエリアを小規模化するなどの工夫をしている自治体があることは前述した。それでもまだ十分な事例検討を行えないという言及もあった。実務者会議（進行管理会議）に取り上げる事例をピックアップする方法の工夫や、事例の重症度レベルに応じて進行管理頻度を変えるなど、実効性のある会議運営となるような検討が求められている。

　エリア化により、検討からこぼれる事例も出てくる可能性があるため、エリア化と種別会議を併用することを検討していると述べられた自治体もあり、今後も様々な工夫を加え、それぞれの自治体に合った会議を創出していく取り組みを継続する必要があると考える。


## （3）実務者会議や個別ケース検討会議の内容

　進行管理会議や個別ケース検討会議での議論が、情報を出し合うだけ、報告だけに終わってしまうという状況に言及された自治体があった。この点は、多くの自治体で共通の悩みを抱えていると思われる。課題を整理し支援につなげるための議論に高めることが必要となっている。

　会議の内容を深めるためには、会議参加者の認識をすり合わせるための合同研修を実施して全体としての認識を高めておくことや、アセスメントツールを活用した検討方法の確立、調整機関職員が会議運営に習熟すること、1つの事例あたりの検討時間を確保するために検討事例数を適正にする工夫など、様々な対策を講じる必要があるだろう。

　とりわけ、要保護児童対策地域協議会参加者が共同で事例検討を行うことは、お互いの認識の共有やそれぞれの役割理解にもつながり、大変有効なものであると思われる。こうした他機関合同の事例検討の場を意識的に設けることが必要と考える。


## （4）相談援助活動と調整機能

　ヒアリングした自治体では、いずれも子ども家庭相談担当部署が要保護児

童対策地域協議会の調整機関を兼ねていた。そのため、直接の相談援助活動を行いながら調整機関役割も果たさなければならないこととなる。調整担当者が相談対応を兼務している場合は、コーディネート業務と相談業務との調整に悩むこととなる。

ヒアリングの中では、「旗振り役をする者が旗振りをしながらキーパーソンだったりするので、住み分けができていない」という発言があった。主な援助者がコーディネーターを兼ねる難しさに対する言及であり、2つの立場を同時にこなすことには苦労が伴うと思われる。

同じ部署の中で、相談担当者と調整機関役割を分離する組織編制を工夫する必要があるだろう。係を分ける、調整機関役割は主査や係長が担うなどの方法もあるかもしれない。ただ、調整担当者は長い相談経験を有するものである必要がある。そうした職員を育てて配置できるような、長期の人事計画が求められていよう。


# 6……政令市ヒアリング調査に見られた特徴

## (1) 相談体制

子どもの虹情報研修センターのヒアリングでは、政令市の区におけるヒアリングも実施している。以下ではその結果からいくつかの点を指摘しておきたい。

まずは相談体制である。政令市の区の体制構築には格差が見られた。比較的歴史が古く人口規模の大きい政令市の中には、相談部門の人員配置が少数であり、区の虐待対応件数も少ない自治体が見られた。こうした政令市では、児童相談所に通告の多くが集中しており、対応が児童相談所主体になっているようであった。区では養護相談のその他の相談件数が多く、グレーゾーンの事例や要支援の事例に多く対応しているものと思われる。大きな政令市では区の数も多く、一律で人員体制を拡充するためには多くの人員数を必要とする。一気に増員を図ることが難しく、区の体制強化がなかなか進みにくい事情があると考えられる。しかし、虐待対応件数は増加してきており、少人

数職員での忙しさが増してきているという印象を受けた。

　大阪市西成区や福岡市東区は歴史のある政令市の区だが、相談部門の人員体制が比較的充実していた。その人員体制を生かして、小学校や中学校の学区域などでの担当制が行われていた。さらに、子どもの居場所づくりや子育て支援のための教室の開催、あるいは家庭訪問型の事業の充実も図られていた。

　以上のような自治体に対して、浜松市と岡山市はここ10年の間に政令市になった自治体である。両市では政令市移行に際して、児童相談所設置とともに区の相談体制が構築されており、児童相談所と区との相談体制がセットで構想されたところに特徴がある。人員体制は一定の規模で確保されており、児童相談所との連携関係も良好と評価されていた。新しい体制を作り出す苦労があったと思われるが、逆に体制構築がしやすかったともいえるのではないだろうか。何よりも児童相談所と区の職員が対等の関係で業務のあり方を検討できたのではないかと思われる。

## （2）児童相談所との関係

　政令市は児童相談所職員と区の職員が同一自治体に所属しており、相互に異動があることが大きな特徴である。そのために両者の業務内容を理解しやすく、意思疎通を図りやすいと考えられる。実際にもヒアリング自治体の多くで、相互の人事異動があることが述べられていた。しかし一方では、児童相談所と区との意向の対立が語られることも多かった。

　そこで、児童相談所と区との連携のための工夫が様々な自治体でなされていた。例えば札幌市では連携ルールが設定され、主たる支援機関の明確化や支援のフロー、児童相談所のかかわりを求める場合の基準などが示されていた。あるいは、横浜市では虐待重症度の共有ランク表をもとに、担当区分を協議していた。名古屋市では児童福祉司が兼務として区に所属しており、区の相談対応の強化が図られていた。

　なお、札幌市では「泣き声通告」の初期調査を区で行うこととしたり、横浜市ではホットラインに入った事例を区と児童相談所とにつなげる際の基準を整理するなど、協働対応の仕組み作りや事例担当区分の考え方の整理が見

第1章　進んでいる自治体の取り組みと課題　　**247**

られたのも、同一自治体の組織という利点を生かしてのことと思われる。

区から児童相談所への事例引き継ぎに関しては、日常的な情報共有の中で協力していると述べられた自治体が多かった。例えば横浜市では、送致・通知といった形式的な方法はあまり取らないとのことであったし、岡山市では区からの連絡で児童相談所が判断して動いており、送致件数は少ないとのことであった。既述のように、区と児童相談所との協働した対応がなされていれば、送致等の形式的な方法を取る必要がなくなるものといえよう。

### (3) システムの共有

児童相談所と区との共通システムが導入されている自治体が見られた。両者が同一自治体に属することから導入がしやすいものと思われる。共通システムの存在によって、それぞれが有する最新の情報を即座に確認できる利点は大きいと思われる。自治体によっては、保健部門や教育委員会とも結ばれているところがあった。

ただ、共通システムにも限界があり、情報の把握はできるが、それぞれの機関が入力することはできなかったり、それぞれの機関が記録したものを再入力することが必要な自治体もあり、使いやすさには限界があるようだった。こうした点をさらに改良することが望まれる。

### (4) 要保護児童対策地域協議会の運営

ヒアリングした政令市の区における要保護児童対策地域協議会の運営はそれぞれに異なった。調整機関が区に置かれていない自治体もあり、会議の形態も様々であった。

区における実務者会議はいずれの自治体でも行われていた。区における実務者会議が代表者会議的な性格を帯びている自治体が多かった。浜松市では区の実務者会議に市本庁の担当者が出席しており、そのことで市全体の課題改善に結びつくテーマを拾い上げる効果が生まれていた。

実務者会議の工夫として、例えば大阪市西成区では中学校区別の地域別ケア会議が毎月開催されており、民間団体を含めて活発な活動が展開されてい

たことは特筆される。中学校区によっては、夜間に会議が開催されている地域もあった。区職員が議事録を作成したり、児童虐待防止協会からスーパーバイザーが派遣されるなど、内容を充実させる努力もされていた。

福岡市東区では、小学校区単位の会議や、医療機関とのネットワーク会議、各機関のソーシャルワーカーの会議など、性格の違う会議やエリアの小さい会議が組み合わされており注目すべき取り組みであった。大阪市西成区も福岡市東区も地域主体での取り組みを展開する土壌があり、その動きと行政の仕組みとがうまくかみ合ってネットワークが成立してきたと考えられる。

岡山市の個別ケース検討会議は、区の調整機関だけでなく各機関が開催の呼びかけをすることとなっており、そのためか開催件数が多くなっていた。要保護児童対策地域協議会構成機関が主体的にかかわる取り組みとして参考になろう。

### (5) 本庁の役割

政令市の特徴として、本庁の占める役割の大きさがあげられると考える。例えば岡山市では本庁のこども福祉課が、こども総合相談所（児童相談所）と各地域こども相談センター（各福祉区）の調整機能を担っていた。また地域こども相談センターの業務連絡会議を月1回開催し、市内各福祉区の状況把握や対応の統一を図っていた。こうした本庁による取り組みは、他の政令市においても見られた。区の対応力を一定の水準にそろえることが必要であるためと思われる。

本庁にこのような調整機能が存在することで、児童相談所と区との関係調整においても役割を発揮することが可能と考えられる。

### (6) 人員配置と人材育成

政令市においても今後は区の対応件数が増加し、子育て支援の資源を活用した対応事例も増大することと思われる。それに対して、現状では十分な人員配置がなされているとはいえない自治体が見られた。人員配置増を図るには、各区が横並びで増員する必要があり、また同じ自治体内の組織である児

童相談所の体制強化との兼ね合いを検討することも必要であるために困難を抱えていることと思われる。児童相談所と各区の相談体制を、並行して計画的に強化していくことが求められている。

人材の育成については、児童相談所と区との人事異動の活発化や、区の専門性を高めるための異動周期長期化を図る必要があろう。さらに、スーパーバイズ体制を強化して、区の対応力の向上を図る必要もある。この点では先述の大阪市の取り組みの他、岡山市では、本庁に児童相談所OBを雇用して区のスーパーバイズをしていたことが参考となる。


# 7······児童相談所設置市の特徴と課題

## （1）金沢市と横須賀市の共通点と相違

中核市で児童相談所を設置している2市へのヒアリングも実施している。2016年の児童福祉法改正を受けて、中核市・特別区の児童相談所設置の動きが始まり、両市はモデルとされている。両市の人口規模は近いが、地域の背景や相談件数などには違いが見られる。しかし、児童相談所が市町村機能を一体的に実施していることは同様であり、ショートステイなどのサービス提供も児童相談所が担当している。今後の中核市・特別区児童相談所のあり方を検討するうえでも、両市の取り組みを参考にする必要がある。

両市の協議会の運営には違いが見られた。金沢市では児童相談所が調整機関として、実務者会議や個別ケース検討会議の開催事務を行っていた。横須賀市は調整機関を児童相談所ではなく本課に置き、協議会の運営を行っていた。横須賀市の本課も相談や通告を受けているが、児童相談所の方が対応件数は多く、継続的な関与は児童相談所が担っていた。

金沢市では児童相談所が協議会の運営を行うことから、市町村と事例を突き合わせるという作業の必要性がなく、協議の場を少なくすることができていた。横須賀市では実務者会議を小エリアで実施し、その回数も多かった。これらの違いの背景に、相談件数が横須賀市の方が多いという点があると思われる。

## （2）市町村機能と児童相談所機能の兼ね合い

　ヒアリングにあたっての問題意識としては、児童相談所が市町村機能も一体的に担うことで、介入と支援の葛藤に悩みを抱えるのではないかという点があった。中核市には政令市の区のような行政区がなく、身近な子育て支援サービスから一時保護や法的対応までの幅広い業務を児童相談所が担うこととなる。

　しかしこの介入と支援の葛藤という問題について両市ともに否定され、そのことによるやりにくさはないと述べられた。つまり、児童相談所が継続的な支援から保護等の権限行使までできる方がスムーズであること、子どもに関する様々な情報が一元化され、そのために迅速で適切な対応ができると語られたのである。

　両市の子ども家庭福祉の歴史をうかがうと、以下のような特徴が見られた。金沢市には善隣館思想の伝統があり、地域コミュニティにおける公私協働の土壌があった。また横須賀市では、要保護児童対策地域協議会の法定化に先立って先駆的にネットワークが構築されており、母子保健を中心とした虐待防止の取り組みが児童相談所設置以前から進められてきていた。両市ともに、こうした市町村機能の充実のうえに、児童相談所が乗せられる形で設置が進められたことが特徴としてあげられよう。こうした条件があったからこそ、児童相談所設置後にも市町村機能との一体化がスムーズに進められたのだろうと考えられる。

　さらに、金沢市では同じ「こども総合相談センター」内に児童相談所と並立的な関係で発達相談係が設置されており、児童相談所の立地も「教育プラザ」として教育機関と同一敷地内に設置されているため、これらの相談機関との協働がしやすい環境にある。

　横須賀市においては、「はぐくみかん」という総合施設に、市の本課から母子保健、療育センターまで、すべての子どもにかかわる機関が集中しており、協働関係が取りやすくなっていた。こうした立地条件も効果的に働いているものと思われる。

## （3）児童相談所設置市の課題

　ヒアリングの中では、人事異動の課題が述べられた。中核市では専門職が活用できる他の福祉部門がなく、そのために異動先が乏しい現状がある。また行政職の場合、本庁等の他部局に異動するが、その後に再び児童相談所に戻ってくることは多くない。さらには、自治体内に単独の児童相談所しかなく、他の児童相談所に異動する機会もないため、長期に継続して児童相談所に勤務する職員を確保しにくい。そのためにスーパーバイザーを担える人材を育成することに困難があるとのことだった。

　研修では県と連携する機会があったり、相談対応での県との協力関係を作ることも可能と思われるが、相談における専門的な機能の育成を含めて市独自の取り組みとなるものが多い。県や児童相談所からの支援が受けられる市区町村と異なり、すべて当該自治体内で解決していくことが求められる難しさがあると思われる。中核市の児童相談所を設置するうえでは、人材の確保と育成、長期にわたる専門性の確保や専門的相談対応機能を独自に構築することが課題となろう。

# 第2章
# 市区町村子ども家庭相談はどうあるべきか

川松 亮

## 1……市区町村子育て支援の基本構造

　以下では、ヒアリング調査結果から得られた知見をふまえて、これからの市区町村子ども家庭相談のあり方について私見を述べたい。

　地域に根差した子ども家庭相談の構造を考えると、それは3層に分かれると思われる。まずは子育て支援のための様々なサービス資源が存在する。それがどれほど充実していて、使いやすく、アクセスしやすいかによって、子育てに困難を抱える前の段階でとどまるかどうかが異なってくる。これらの支援につながることができて、虐待に至る前に予防できることが何よりも重要である。まさに敷居の低い支援資源が、地域にくまなく存在する必要がある。さらに行政のサービスだけではなく、民間団体の様々な取り組み（子ども食堂なども含まれる）が広がり、それらと行政とがつながり合っていることも大切だろう。

　子育て支援資源という意味では、すべての子どもと家族に接することのできる学校や、保育所・児童館といった既存の資源は、困難を抱える家庭を発見する場でもあり、支援につなげる起点になる場でもある。こうした機関の職員がソーシャルワーク的な視点を持って子どもや家族とかかわる姿勢が大切と考えられる。

　以上の資源はポピュレーションアプローチといえるものであり、すべての子どもと家庭に支援が届けられ、早期発見につなげることが大切な機能となる。

次の層は、市区町村の子ども家庭相談部門であり、ハイリスクとして把握された家庭や軽度の虐待事例に対してサービス資源をコーディネートしながらサポーティブな支援を届けることとなる。そして3層目が児童相談所である。重症度が中度・重度であり、より介入度の高いかかわりが必要であったり、保護者との分離が必要となる場合や、分離後の親子関係再構築支援を行う場合など、法的対応やクリニカルな機能を活用した支援が必要な場合には、児童相談所が対応していくこととなる。

　地域における支援はこうした3層に分けられるだろうが、これらが統合的に一体として運営されている必要がある。3層がそれぞれに別個の活動として途切れ途切れに行われるのではなく、相互に関連しあって協働することが必要である。その取り組みの要となるのが市区町村の調整機関であり、これが子育て支援から重度の対応までのつなぎ役となる。そしてまた、これら3層にわたるスタッフが、支援の理念を共有して同じ方向を向いて取り組むことが大切である。調整機関がその組織化を推進するようにまとめていくことが求められると考える。以上を図示すると図1のようになるだろう。

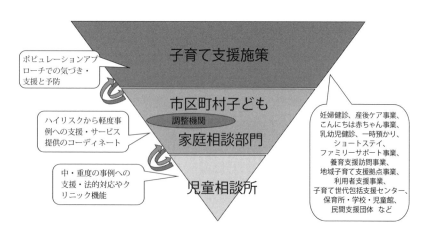

図1　地域に根差した子ども家庭相談支援の仕組み

## 2……中学校区に１つのネットワークを

　前章で述べてきたように、要保護児童対策地域協議会の実務者会議を小エリアに分けて開催する自治体が増えてきている。事例にかかわりが深くて顔を見知った関係機関のスタッフにより、少数の事例を密度濃く検討することができ、効果的と評価されている。また、そこでの事例検討を経ることで、関係機関職員間での認識のすり合わせや、相互の機関の機能や限界を知る機会ともなり、協力関係が深まることが指摘できる。小学校区でのネットワーク会議を開催している自治体もあるが、当面は中学校区に１つを目標に、それに近い運用を実現していきたい。

　ただ、このように分散化した会議運営をするためには、会議の案内や資料作成、司会運営や記録の作成等、事務量が大きくなる。そのために十分なスタッフの人数が必要となり、人員配置が十分に行われることが前提にならなければならない。

　市区町村の子ども家庭相談部門の職員数は自治体により格差が大きい。専門職の配置が少なく、また非正規職員が多いことも指摘できる。専門職が正規で専任配置されるように、自治体の努力が求められる。国からの財政的な支援も手厚くなされる必要がある。

　進行管理に関しては、事例の終結が課題となっている。一定の基準での終結を進めていくことが必要である。ただ、終結基準の中で、里親委託・施設入所をもって市区町村での取り扱いを終結としている自治体が見られる。施設入所後にも家族は地域で生活しており、子どもが帰宅外泊をしたり、家庭復帰する可能性も考え合わせると、地域の支援関係を切らずに継続することが必要である。里親委託・施設入所をもって終結としない、あるいは進行管理台帳からは外さないという取り扱いが必要であると考える。

## 3……やってよかったと思える個別ケース検討会議を

　個別ケース検討会議を開催しても、情報を報告し合うことに終始して、方針を検討するまでに至らない会議が多いと指摘されている。多機関が協働した支援を進めるためには、子どもと家族が置かれている状況を皆で理解し合ったうえで、当面の支援の手立てを確認し合うのでなければ、効果的な会議とはいえない。誰が何をいつまでにするのか、どういう状況になった場合はリスクが高いのか、状況が変化した場合にどこに情報を集めるのか、次の会議はどのくらいの期間を置いて開催する必要があるのか、などを検討し、確認事項を共有することができなければならない。そのためには、市区町村の調整担当者が的確にファシリテートすることと、児童相談所が適切に助言を行うことが求められるだろう。

　個別ケース検討会議を意義のある会議にするためには、参加者がそれぞれ自分にできることを考える姿勢で臨まなければ、協議がうまく進まない。いずれかの機関が担ってくれるだろう、といった他者に任せる姿勢ではなく、それぞれが子どもと家族に対して何ができるのかという姿勢で考える必要がある。その意識を高めるためには、日ごろからの啓発や研修機会の設定も必要となるだろう。

　児童相談所は、アドバイザー的な立場だけではなく、自らの権限を行使して介入することが求められる事例かもしれないという立場で検討に加わる必要がある。児童相談所は、助言者の立場とプレーヤーとしての立場と2つの立場を持っており、双方を的確に果たさなければならない。そのためには、できれば複数のスタッフで出席することができるとよいと思われる。

　なお、里親委託や施設入所が解除されて家庭に復帰する前には、必ず地域の個別ケース検討会議を開催しなければならない。一時保護からの解除も同様であろう。地域での支援に引き継ぐ受け皿を用意するとともに、引き取り後の生活を心配しているであろう地域のスタッフに状況を正確に伝えておくことが必要である。家庭状況や養育環境がどのように改善しており、どこにまだ心配があるのか、リスクが高くなった場合はどうなることが想定される

のか、その場合にはどこがどう対応するのかなどを確認し、申し合わせておく必要がある。

この家庭復帰前の個別ケース検討会議に、入所施設の職員が出席すると、施設での取り組みの状況や子どもと家族の状況が正確に伝わり効果的である。そのような場の設定も工夫する必要がある。

## 4……児童相談所との協働関係を

児童相談所との関係をどう構築していくかという点は、なかなか難しい課題である。虐待の重大事例では、児童相談所と市区町村の双方が互いに相手の対応に委ねてしまい、どちらの関与も薄くなってしまった結果、生じた事例が多い。市区町村の立場からは、児童相談所がいったん判断をすると、それ以上なかなか意見を出しにくい状況がある。双方がお互いを尊重し合いながら、意見を対等な関係で伝え合い、協議したうえで納得のいく判断がなされる必要がある。

どちらかが主担当機関だからといって、任せてしまう姿勢には問題があるといえるだろう。双方が情報を逐一共有しながら、一緒に動く中で意見を調整していかねばならない。要保護児童対策地域協議会の場で事例の情報共有や進行管理が適切に行われているなら、適切なタイミングで必要な対応を双方が取れるはずである。これを担当者レベルではなく組織と組織として行えなければならない。現状ではなかなかそこまでの取り組みに至ってはいないと思われる。

例えば市区町村から送致をした事例であっても、児童相談所が期待通りの動きをしているとは限らない。市区町村は児童相談所に任せてしまって判断を委ねるのではなく、引き続き情報を把握して児童相談所とともに動きを取るための努力をすべきだろう。一方で、児童相談所は市区町村が主担当機関として対応している事例だからといって任せてしまうのではなく、情報を把握して児童相談所が介入する状況になっていないかどうかを主体的に判断すべきである。

第2章　市区町村子ども家庭相談はどうあるべきか　**257**

総じて、児童相談所の枠組み作りと、市区町村の寄り添い型の支援とがうまく連動して合わさったときに、有効な支援が展開できるといえる。児童相談所と市区町村の相互理解と協働が何よりも求められている。

　要保護児童対策地域協議会の場で事例の進行管理が適切に行われ、協働した支援が実施されて、十分な協議のうえで合意して主担当機関を移し合うことができていれば、あえて送致や指導委託という方法を取る必要はないように思われる。

　こうした関係が構築されていくためにも、双方の人事異動周期を長くとって、信頼関係を長く継続できるような体制が必要であろう。


# 5……重ね合う支援──役割分担の前に協働を

　機関同士の連携協働を良好に行うためには、「のりしろ」を作ることが必要だといわれる。それぞれができることを一歩ずつ踏み込み合って、支援を重ねるのである。多機関での協働体制を考えた場合、多数の機関が重ね合う取り組みをさらに展開することが必要であり、これを「寄せ鍋型支援」と呼びたいと思う。ネットワークという「お鍋」を多数の機関が取り巻くように、水を漏らさぬ関係により子どもと家族を支え合いたい。

　重ね合う「寄せ鍋型支援」を行うための具体的な方法は、一緒に動くことだと考える。同行での訪問、同席での面接等を重ねることで、子どもや家族にそれぞれの機関がどういう応援をしてくれるのかが伝わりやすく、それぞれの機関の特徴や違いも見えやすい。ともに動くことで機関同士も調整ができ、協働関係も深まっていくだろう。

　重ね合う支援のためには、機関同士の理念や認識が共有されていなければならない。そのために、効果的な個別ケース検討会議を適時に開催することが必要であり、その会議の場では共通の物差しを持つために、アセスメントツールを共有して協議を行う必要がある。効果的な協議は日ごろから練習しておくことで習熟していくため、要保護児童対策地域協議会の研修では、グループワークでの事例検討を取り入れることが有効であると考える。


**258**　　第3部　これからの市区町村子ども家庭相談のあり方を考える

協働して取り組むためには、それぞれの機関の意見に耳を傾ける姿勢も必要である。また、批判をしていても協働は進まない。どの機関の職員も大変な中を業務に励んでおり、まずはねぎらいや評価がなければ相互理解に至らない。これは意外と大切な姿勢だと考える。

　「役割分担」という言葉がよく使われるが、連携した支援を考えるときに、役割分担から先に検討するとこぼれてしまう支援も出てきてしまう。個々の事例に対して、どのような現状理解のうえで、どのような支援が必要かということをまず共有し、そのうえでその支援をどの機関が行うのが最も良いのか、誰が最もかかわりやすい立場にいるのかを考えていく必要がある。役割分担から入るのではなく、協働した支援をするためにそれぞれの役割を考えていくというように、「協働のための役割」として順序を逆に考えてみる必要がありはしないだろうか。

　役割分担が分断につながることがないように、何よりもまず協働・重ね合う支援を考えることを大切にしたいと考える。

# おわりに

　2014年度から2016年度にかけて子どもの虹情報研修センターで実施した「市区町村における児童家庭相談実践の現状と課題に関する研究」におけるヒアリング調査から、本書ではいくつかの自治体を紹介し、その特徴と課題をまとめてきた。いずれの自治体でも、たくさんの資料を用意して迎えてくださり、多くのスタッフが参加されてお話を伺えた。職員の皆さんの意気込みの強さや、組織としての前向きな姿勢を感じさせられる自治体ばかりであった。自治体の取り組みは、その自治体職員の熱意と創意工夫で支えられていることをつくづくと認識できたヒアリングの連続であった。

　市区町村の子ども家庭相談の充実がかつてなく求められる時代になった。児童相談所のソーシャルワークが虐待の初期対応に追われて、ソーシャルワーク本来の醍醐味に欠ける面が出てきているのに比して、市区町村の子ども家庭相談は、子どもと家庭の課題を理解して、寄り添いながらその改善を図るソーシャルワーク本来の取り組みを行うことができる可能性が開けていると思われる。今は、市区町村の相談対応の仕事の方が、ソーシャルワークとしてのやりがいを感じられるかもしれないとまで思えるのである。

　現在、国の施策として市区町村に子ども家庭総合支援拠点の設置が進められている。本書で紹介した事例は、その動きに至る前の取り組みであるが、子ども家庭総合支援拠点となったとしても異なるものではなく、拠点設置のベースとなる視点を多くくみ取ることができると考える。

　子ども家庭総合支援拠点であることで、それほど大きく何かが違うということではなく、これまでの体制整備や地域のネットワーク作りの延長上に、拠点の設置も到達点として描けるものであろう。そのためには何よりも、自

治体が全体として、子ども家庭相談体制を高めることや、地域の子育て支援
機能を拡充して、基盤となるネットワークを活発に機能させることが重要と
なると考える。その上で子ども家庭総合支援拠点となることで、補助金を得
て非常勤職員体制を強化することは可能だろう。

　現在子どもの虹情報研修センターでは、子ども家庭総合支援拠点や子育て
世代包括支援センターを設置している自治体をヒアリング調査しており、そ
の特徴と課題については、あらためて報告したいと考えている。

　最後に、子どもの虹情報研修センターのヒアリングにご協力いただいた自
治体の皆様に感謝申し上げるとともに、本書への掲載にご承諾いただき、現
在の相談対応状況についてご寄稿いただいた自治体の皆様に深謝申し上げた
い。

　また、明石書店の深澤孝之さんと、辛島悠さんには、細々とした編集実務
を担っていただき心より感謝申し上げたい。予定よりも大幅に遅れた出版を
支えてくださったことをありがたく思っている。

　本書が市区町村子ども家庭相談の進展の一助となることを願っている。そ
して、市区町村子ども家庭相談支援の取り組みが子どもと家族のしあわせを
実現する強力な助っ人となることを願って筆をおきたい。

　　災害の多かった 2019 年の秋の日に

川松　亮

## ●編著者紹介

### 川松 亮（かわまつ・あきら）

明星大学人文学部福祉実践学科常勤教授。

東京都の福祉職として、児童養護施設職員や児童相談所の児童福祉司として勤務。その後、厚生労働省児童福祉専門官、子どもの虹情報研修センター研究部長を経て現職。全国児童相談研究会運営委員、NPO法人児童虐待防止全国ネットワーク理事、「なくそう！子どもの貧困」全国ネットワーク世話人などを務める。

共著に『支える・つながる――地域・自治体・国の役割と社会保障』（シリーズ・子どもの貧困5、明石書店）、『子どものための里親委託・養子縁組の支援』（明石書店）、『子どもの貧困ハンドブック』（かもがわ出版）、『児童相談所はいま　児童福祉司からの現場報告』（ミネルヴァ書房）など。

## ●執筆者紹介（【　】は担当）

### 安部 計彦（あべ・かずひこ）【第2部　5・9】

西南学院大学人間科学部社会福祉学科教授。日本社会事業大学大学院博士後期課程修了。博士（社会福祉学）。社会福祉士、臨床心理士。北九州市児童相談所で心理判定員、判定係長、相談第一係長等で22年勤務。大学に移って以降、児童相談所の一時保護所、市区町村と児童相談所の役割分担、要保護児童対策地域協議会の役割、ネグレクト等に関心を持つ。

### 川﨑二三彦（かわさき・ふみひこ）【第2部　2・3・8】

1951年岡山県生まれ。京都大学文学部哲学科卒業。以後32年間、児童相談所に勤務。心理判定員（児童心理司）を経て児童福祉司となる。2007年4月から子どもの虹情報研修センター（日本虐待・思春期問題情報研修センター）研究部長となり、2015年4月からセンター長。

### 小出太美夫（こいで・たみお）【第2部　6】

大学を卒業後、東京都の虚弱児施設に児童指導員として勤務。横浜市南部児童相談所開設時点から心理判定員（児童心理司）として心理臨床業務に20年間従事する。その後、市内の各児童相談所にて、インテークや虐待初期対応部門のマネージメント業務経験を経て、児童相談所長の任に就く。2010年3月に横浜市を退職後、子どもの虹情報研修センターにて専門相談に従事。2019年6月から社会福祉法人「真生会」理事に就任。

## 市区町村子ども家庭相談の挑戦
── 子ども虐待対応と地域ネットワークの構築

2019年12月15日　初版第1刷発行

編著者　　川　松　　　亮
発行者　　大　江　道　雅
発行所　　株式会社　明石書店

〒101-0021　東京都千代田区外神田6-9-5
電　話　03（5818）1171
ＦＡＸ　03（5818）1174
振　替　00100-7-24505
http://www.akashi.co.jp

装丁　　　明石書店デザイン室
印刷・製本　モリモト印刷株式会社

（定価はカバーに表示してあります）　　　　ISBN978-4-7503-4944-2

JCOPY　〈出版者著作権管理機構　委託出版物〉
本書の無断複製は著作権法上での例外を除き禁じられています。複製される場合は、そのつど事前に、出版者著作権管理機構（電話 03-5244-5088、FAX 03-5244-5089、e-mail: info@jcopy.or.jp）の許諾を得てください。

# ネグレクトされた子どもへの支援
理解と対応のハンドブック
安部計彦、加藤曜子、三上邦彦編著 ◎2600円

# 子ども虐待対応におけるサインズ・オブ・セーフティ・アプローチ実践ガイド
子どもの安全〈セーフティ〉を家族とつくる道すじ
菱川愛、渡邊直、鈴木浩之編著 ◎2800円

# 子ども虐待対応における保護者との協働関係の構築
家族と支援者へのインタビューから学ぶ実践モデル
鈴木浩之著 ◎4600円

# 子ども虐待ソーシャルワーク　転換点に立ち会う
川﨑二三彦著 ◎2800円

# 子ども虐待 家族再統合に向けた心理的支援
児童相談所の現場実践からのモデル構築
千賀則史著 ◎3700円

# 子どものための里親委託・養子縁組の支援
宮島清、林浩康、米沢普子編著 ◎2400円

# 社会的養護の子どもと措置変更
養育の質とパーマネンシー保障から考える
伊藤嘉余子編著 ◎2600円

# 子どもの貧困と地域の連携・協働
〈学校とのつながり〉から考える支援
吉住隆弘、川口洋誉、鈴木晶子編著 ◎2700円

---

# 子ども・家族支援に役立つ面接の技とコツ
〈仕掛ける・さぐる・引き出す・支える・紡ぐ〉児童福祉臨床
宮井研治編 ◎2200円

# 子ども・家族支援に役立つアセスメントの技とコツ
よりよい臨床のための4つの視点、8つの流儀
川畑隆編著 ◎2200円

# ワークで学ぶ 子ども家庭支援の包括的アセスメント
要保護・要支援・社会的養護児童の適切な支援のために
増沢高著 ◎2400円

# 日本の児童相談　先達に学ぶ援助の技
川﨑二三彦、鈴木崇之編著 ◎2400円

# 児童相談所改革と協働の道のり
子どもの権利を中心とした福岡市モデル
藤林武史編著 ◎2400円

# 児童相談所一時保護所の子どもと支援
子どもへのケアから行政評価まで
和田一郎編著 ◎2800円

# 児童福祉司研修テキスト　児童相談所職員向け
金子恵美編集代表、佐竹要平、安部計彦、藤岡孝志、増沢高、宮島清編 ◎2500円

# 要保護児童対策調整機関専門職研修テキスト　基礎自治体職員向け
金子恵美編集代表、佐竹要平、安部計彦、藤岡孝志、増沢高、宮島清編 ◎2500円

〈価格は本体価格です〉